Lope de Vega
y
la formación de la comedia

TEMAS Y
ESTUDIOS

Rinaldo Froldi

LOPE DE VEGA
Y
LA FORMACIÓN DE LA COMEDIA

En torno a la tradición dramática valenciana
y al primer teatro de Lope

© Rinaldo Froldi
EDICIONES ANAYA, S. A.- 1973
L. Braille, 4 - Salamanca
Depósito Legal: M. 5.583 - 1973
ISBN: 84-207-0932-8
Printed in Spain
Imprime: Estampaciones Gráficas Grefol
Avenida Pedro Díez, 16 bis
Madrid - 19
Papel: Torras Hostench, S. A.

Segunda edición

Segunda edición revisada y ampliada de *Il teatro valenzano e l'origine della commedia barocca,* Pisa, 1962, Istituto di Letteratura Spagnola e Ispano-Americana dell'Università di Pisa.

Agradecemos públicamente al director de este organismo, profesor Guido Mancini, las facilidades que nos ha dado para la traducción del libro. Esta ha sido realizada por el doctor Franco Gabriele y señora de Gabriele.

ÍNDICE

I

LA FORMACIÓN DE LA «COMEDIA» ESPAÑOLA: LÍMITES DE LA INTERPRETACIÓN TRADICIONAL Y RAZONES DE UNA NUEVA INVESTIGACIÓN

Acerca de la formación de la *comedia* en España se ha llegado —a través de la crítica del siglo pasado y de la del siglo xx, eco en buena parte de las definiciones románticas y posrománticas— a un cuerpo de convicciones comúnmente aceptadas y repetidas. Se dice así que, entre finales del siglo xv y comienzos del xvi, Juan del Encina y Torres Naharro inician un teatro profano derivado de fuentes en buena parte italianas; su teatro permanece, con todo, estrechamente ligado a ambientes de corte. Sólo hacia la mitad del siglo, con Lope de Rueda, el teatro es liberado del patrocinio de los grandes, se hace popular y, a pesar de la imitación italiana, comienza a adquirir claros caracteres nacionales. En esta dirección tendría luego notable importancia Juan de la Cueva, a quien generalmente se considera como el introductor de las antiguas leyendas nacionales, extraídas sobre todo del Romancero, en la que ya tímidamente apunta a ser *comedia*. Pero sólo hacia el final del siglo, el teatro español, gracias al genio de Lope de Vega, se realizaría plenamente.

La crítica suele conceder escaso relieve a aquellas manifestaciones a las que no puede atribuir una importancia determinante en la constitución del «género» *comedia,* como fácilmente se puede comprobar si se echa una mirada a los más difundidos manuales de historia literaria [1]: éste es el caso del teatro, considerado clasicizante, de Lupercio Leonardo de Argensola y de Cervantes; es el caso también de los escritores valencianos, que en su mayoría son remitidos, un tanto mecánicamente, de acuerdo con el criterio de la «derivación» literaria de ascendencia positivista, a las figuras mayores que constituyen la línea fundamental de desarrollo del «género» teatral; y así, Timoneda es relacionado con Lope de Rueda; Artieda y Virués son remitidos a Lupercio L. de Argensola y Juan de la Cueva; a Guillén de Castro se le hace depender, prácticamente en su totalidad, de Lope de Vega.

Una conclusión como la que acabamos de enunciar la encontramos precisamente al final del trabajo que, todavía hoy, se reconoce como el texto más autorizado para el estudio del teatro en Valencia, es decir, la obra de Mérimée publicada en 1913 [2]. Es un ensayo

---

[1] Para poner un solo ejemplo, considérese el tan difundido manual de A. VALBUENA PRAT, *Historia de la Literatura española,* Barcelona, 1960, 3 tomos, que dedica a L. Leonardo de Argensola como autor de tragedias siete líneas (I, 783), que estudia a Cervantes como autor de *comedias* al margen de la producción típica del género (II, 26-29) y en un capítulo reúne bajo la común calificación de *prelopistas* a los autores de *autos, farças, danzas de la muerte,* traducciones y refundiciones de los clásicos, Timoneda, Virués, para extenderse más largamente sólo sobre Lope de Rueda y Juan de la Cueva (I, 765-792).

[2] H. MÉRIMÉE, *L'art dramatique à Valencia,* Toulouse, 1913. Las conclusiones a las que hemos aludido se pueden leer en la página 645.

del cual no se puede, en efecto, prescindir, aunque sólo sea por la riqueza del material que en él hay acumulado. Sin embargo, se produjo en un clima cultural y según un método de investigación que hoy no corresponde ya a nuestras exigencias. Mérimée se muestra preferentemente preocupado por trazar una historia del «género» teatral en Valencia y por comprobar la existencia o no de una «escuela» valenciana que habría determinado en España el nacimiento de la «comedia», o que de cualquier modo hubiera contribuido a ello paralelamente a otras escuelas. En el curso de su investigación, éste advierte que, en el siglo XVI, Valencia fue campo de múltiples direcciones culturales y que, por tanto, no existió nunca una escuela teatral valenciana digna de tal nombre; hace notar asimismo que los valencianos no tuvieron un verdadero poeta fundador de una escuela, que no fueron autosuficientes y que poseían tan sólo una extraordinaria capacidad de adaptación. La comedia nació con Lope de Vega, que la llevó a Valencia en su viaje de 1589, desarrollando de este modo allí fuerzas que estaban latentes, aunque no nos sea dable reconocerlas [3].

Para llegar a estas conclusiones, Mérimée presenta una serie de interpretaciones de hechos y de juicios de las obras que no siempre resultan convincentes, y a los que tendremos que someter, en el presente es-

---

[3] *Ibíd.*, pág. 422: «Valencia était disposé pour le prochain avènement du genre nouveau... le *moteur intelligent* qui mit en branle la machine, nous le connaissons; nous savons à quels moments il exerça son action dans Valencia: il s'appelle Lope de Vega. On ne saurait exagérer l'importance des séjours que ce créateur infatigable fit sur les rives du Turia, et il convient maintenant d'y insister.»

tudio, a un examen crítico. Pero, ya en principio, el
planteamiento del trabajo refleja una problemática
superada. No creemos ciertamente que puedan tener
valor crítico efectivo los conceptos de «escuela» o de
«género» tal como aparecen en la obra del crítico
francés, ni que a éstos pueda serles aplicado el concepto de autonomía, que es por completo de naturaleza estética, y existe en arte sólo en relación con
obras aisladas, sin que por otra parte pierdan éstas
sus vínculos con una tradición literaria. Todas ellas
se presentan entretejidas con relaciones complejas
que será labor del crítico precisar, pero que, en cualquier caso, no están regidas por la simple relación de
causa y efecto, que se halla, en cambio, en la base de
las «derivaciones» y de los «influjos» literarios tal
como los concibió la crítica positivista de la que Mérimée se muestra legítimo heredero.

Ha ocurrido también, como nuestro estudio se en-
cargará de precisar, que Mérimée no supo liberarse,
en el curso de su misma investigación científica, de
algunos prejuicios o mitos derivados de la crítica romántica precedente, lo que le llevó a trastocar las
relaciones o, de todos modos, a no reconocer la evidencia de los hechos por él mismo demostrados, que
habrían debido en cambio abrirle el camino para so-
brepasar aquellos mismos mitos y prejuicios.

Sobrevive ciertamente en el crítico francés, y acaba
determinando apriorísticamente sus conclusiones sobre el teatro valenciano, la idea de un Lope de Vega,
genio por naturaleza, que da forma autónoma a la
comedia fuera de específicas y conscientes contribuciones de una tradición literaria, es decir, fuera de

una precisa y precisable génesis personal e histórica, como si él llevase a inconsciente maduración una disposición natural de la gente hispánica [4]. Diríase que, en Mérimée, el mito romántico de un Lope poeta popular y genio nacional, al perder lo que de sugestivo tenía para sus primeros descubridores [5], movidos más

---

[4] *Ibíd.*, pág. 645: «Le théâtre espagnol... par une dernière et definitive transformation, ayant pris conscience de sa nature propre, trouve, avec Lope de Vega, la forme qui lui permit de la réaliser pleinement: la comedia est le type original où toutes les aspirations de génie espagnol s'exprimeront.»

[5] Los primeros en «descubrir», tras el olvido del siglo XVIII, el teatro de Lope de Vega fueron Lessing, Tieck y A. W. Schlegel. Véanse: G. E. LESSING, *Hamburgische Dramaturgie,* Hamburg, 1767-69 (stück 69 von 29-XII-1767, págs. 129-132); J. J. A. BERTRAND, *L. Tieck et le théâtre espagnol,* París, 1914; A. W. SCHLEGEL, *Über dramatische Kunst und Literatur Vorlesungen,* Heidelberg, 1809-11 (XIV Vorlesung, 2-II-1811, págs. 345-352). Es común a todos una actitud de estática admiración ante el que ya Cervantes había llamado «monstruo de naturaleza» («Prólogo» a las *Ocho comedias y entremeses,* Madrid, 1615) y a quien su primer biógrafo, respaldado por la resonancia evidente de una fama extendida, había ensalzado y glorificado como tal aún más (J. PÉREZ DE MONTALBÁN, *Fama póstuma a la vida y muerte de Lope de Vega,* Madrid, 1636).
     La admiración de los primeros románticos alemanes hacia esta criatura en los confines de las posibilidades humanas, «virtuoso» de la vida, según un sueño ético típico de ellos, solicitaba una correspondencia afectiva, al mismo tiempo que Lope asumía un valor ejemplar de su ideal de poesía entendida como lo genuino, primitivo e inconsciente. Pero todo esto se averiguaba en el plano de un encuentro sentimental que podía llevar, por ejemplo, a la enfática exclamación del conde de Soden, el primer traductor de algunos dramas de Lope al alemán (J. GRAF VON SODEN, *Schauspiele des Lopez* (sic) *de Vega,* Leipzig, 1820): «¿Para qué buscar aún otros dioses? Aquí he de ponerme de hinojos y adorar; pues ¿qué representa el mismo Shakespeare con sus treinta obras dramáticas frente a Lope? Nada, absolutamente nada.» (Por la cit., véase H. A. RENNERT-A. CASTRO, *Vida de Lope de Vega,* Madrid, 1919, pág. 405. Hay ahora una nueva edición de esta obra, con un apéndice de F. LÁZARO, en Ediciones Anaya, Salamanca, serie «Temas y Estudios», 1968).
     El interés de la cultura alemana se trasladará después más hacia Calderón (véase K. VOSSLER, *Lope de Vega y nosotros,* en «Escritores y poetas de España», Buenos Aires, 1947, págs. 25-39), pero

que por otra cosa por el sentimiento de una creída y
acariciada correspondencia ideal, aparece peligrosamente teñida por un determinismo naturalista, que
bien poco camino deja a la posibilidad de reconocer
valores poéticos personales, anulando así también la
posibilidad de una buena comprensión de los valores
aislados de los poetas que habían precedido a Lope
de Vega. En el caso de Mérimée, se repetía así lo que
había ocurrido ya a los críticos del xix, los cuales,
bajo la influencia del mito del «portento» Lope (a
pesar de que, partiendo de una concreta y documentada investigación histórica, habían comprobado determinados significativos valores en el teatro precedente), en el momento de estudiar a Lope, sobre todo
sus *comedias,* caían en la tentación de una interpretación milagrera o, en cualquier caso, literariamente
disociada de una tradición anterior.

Esto ocurrió en general a la historiografía alemana
del xix [6], heredera de las soluciones de Schack [7]. Este

quedará la admiración por el genio natural de Lope, que está manifiesta en la historiografía de Schack, de Klein y de Schaeffer, a
los que nos referiremos más adelante.

También está anclado en el plano de una preferente adhesión
sentimental Grillparzer, que, sin embargo, tuvo iluminaciones crí-
ticas inteligentes, aunque parciales (véase a este propósito A. Farinelli, *Grillparzer und Lope de Vega,* Berlín, 1894; tr. esp. con el
título *Lope de Vega en Alemania,* Barcelona, 1936).

Para la bibliografía crítica alemana sobre Lope de Vega consúl-
tese H. Tiemann, *Lope de Vega in Deutschland,* Hamburg, 1939.

[6] Esto es evidente en la obra de Klein, de vasta pero fatigosa
erudición, falta de una inteligencia histórica que organice los hechos
y establezca sus relaciones (J. L. Klein, *Geschichte des spanischen
Dramas,* vols. IX y X (1872-74) de la «Geschichte Drama's», Leipzig), y también en otra obra más ordenada y coherente si no más
original: A. Schaeffer, *Geschichte des Spanischen National Dramas,* Leipzig, 1890.

[7] A. F. von Schack, *Geschichte der dramatischen Literatur und*

llega a reconocer, por ejemplo, que «en Valencia, poco después de la aparición de Virués, adquirió el drama igual carácter y forma» (con respecto a la comedia) y que por eso «no hay necesidad de suponer que fuese importado de Madrid», sino que, «al contrario, es de presumir que Lope, que estuvo en Valencia desde 1588 a 1595, recibió en ella estímulo y aliento para imprimir en el drama el carácter que distinguía a las comedias a cuya representación asistió, y a trasplantar a los teatros de Madrid la forma peculiar del drama valenciano»[8]. Y reconoce también la aportación de otros autores, como Juan de la Cueva, Lupercio L. de Argensola, Cervantes, pero no llega a poner bien en claro las relaciones entre el teatro que precede a Lope y el mismo Lope. Sostiene que la *comedia* se forma entre 1588 y 1590 y trata de caracterizarla genéricamente en sus estructuras externas, en sus diversos contenidos y en los varios usos métricos, pero nosotros advertimos, sin embargo, el hiato entre aquellos precedentes que parecen nacer de una trabajosa elaboración literaria y la absoluta espontaneidad que, según Schack, caracteriza en cambio a la obra lopesca: «de la misma manera que la naturaleza, tan pródiga en conceder sus dones, ostenta sin trabajo su fuerza inagotable, así también derrama Lope a manos llenas por todas partes las creaciones de su exuberante inventiva, como si fuese tan inagotable como ella. Pa-

---

Kunst in Spanien, Franckfurt, 1854, 3 vols. (tr. esp. de E. Mier, Madrid, 1885-87, 5 vols.).
[8] SCHACK, tr. cit., III, pág. 213.

rece un soberano omnipotente en el maravilloso país de la imaginación, que apura los ocultos tesoros de este mundo encantado» [9].

Tampoco la historiografía española está libre de la sugestión romántica que quiere un Lope poeta popular, el cual, casi de la nada, por la fuerza de la naturaleza, en contra de la literatura o fuera de ella, crea la obra maestra poética de las *comedias*. Por este motivo, aquel devoto, entusiasta admirador de Lope de Vega e investigador incansable que fue Menéndez Pelayo, se vio obligado, ante la igualmente evidente realidad de un Lope escritor culto y literatísimo, a crear un nuevo mito: el del poeta escindido en dos personalidades. Al gran poeta popular, creador del drama nacional, que se expresa a sí mismo y al alma del pueblo a que pertenece con genuina inspiración, se le oponía el poeta docto que pasa de un género literario a otro, buscando el éxito en la agitada república literaria de su tiempo, pero que inevitablemente, cuanto más penetraba en el difícil laberinto del arte, tanto menos poeta acababa siendo [10].

Es significativa de la actitud de Menéndez Pelayo

---

[9] SCHACK, tr. cit., II, pág. 466.

[10] Además de los trabajos de asombrosa erudición de Menéndez Pelayo sobre Lope, que encabezan cada uno de los volúmenes de la edición de su teatro de la Real Academia Española y que han sido también recogidos aparte (M. MENÉNDEZ PELAYO, *Estudios sobre el teatro de Lope de Vega,* por A. Bonilla y San Martín y M. Artigas, Madrid, 1919-27, 6 tomos, y también por A. González Palencia y E. Sánchez Reyes, en O. C., Santander, 1949, XXIX-XXXIV); para conocer su juicio sobre el teatro de Lope, léase *Lope de Vega y Grillparzer,* en «Estudios de crítica literaria», II, en O. C., XXX, págs. 27-43.

ante la obra lopesca, la interpretación que hizo del *Arte Nuevo de hacer comedias* [11]. Para el crítico santanderino, el *Arte Nuevo* sería una especie de palinodia, escrita por el Lope «literato», para justificar ante sus contemporáneos doctos (y en particular ante aquellos que pertenecían a la Academia de Madrid, a quienes la obra va dirigida) las propias culpas de autor de teatro que se ha distraído de las sanas reglas del arte, las cuales no sólo conocería Lope, sino que sería su devoto seguidor, al menos fuera del teatro.

Menéndez Pelayo llega, pues, a pensar que Lope habría escrito las *comedias* en contra de sus mismas convicciones estéticas. Evidentemente, perdura en él . la distinción, entrañable a los románticos, entre *poesía* y *arte:* por un lado, estaría el Lope verdadero poeta, el popular, que cuando escribe *comedias* se olvida (no se sabe cómo) de la literatura, y por otro, estaría el literato, que dedicándose a otros «géneros» o escribiendo el *Arte Nuevo* (no se sabe bien por qué)

[11] M. MENÉNDEZ PELAYO, *Historia de las ideas estéticas en España,* en O. C., II, págs. 294 y ss.

La idea del contraste entre Lope de Vega teórico y práctico remonta a lo que los románticos consideraban como ausencia de toda conciencia en él de su propia «romántica» novedad. Véase SCHACK, tr. cit., II, págs. 412-431. Léase en especial lo que dice en la página 428: «El verdadero poeta, sin conocer hasta cierto punto lo que hace, llega a lo verdadero y a lo justo...; alabemos, pues, el buen sentido de los españoles que obligaron a su poeta a seguir la senda recta, contra su voluntad y sus principios literarios.»

Para el texto del *Arte Nuevo:* A. MOREL FATIO, *El Arte Nuevo,* en «Bulletin Hispanique», III, 1901, págs. 365-405.

Siguiendo los pasos de Menéndez Pelayo, también Farinelli encontraba insulso e indigno de Lope el *Arte Nuevo* (véase A. FARINELLI, *Italia e Spagna,* Torino, 1929, II, pág. 379).

2

18   RINALDO FROLDI

entra en abierta contradicción con el verdadero poeta [12]. Un intento de superar esta dicotomía ha sido

[12] También Schevill acepta la dicotomía entre Lope poeta cómico
y Lope teórico de la literatura: «Lope writing a *comedia* and Lope
trying to explain how it is done, are two absolutely different men,
two minds working in wholly distinct fashion and on different
levels. The *Arte Nuevo* especially is no clue to what we desire most
to know, but pedantic ill-combined material drawn from his read-
ing; it is the acceptance in theory of dramatic principles to which
the work of is life gave to lie, an uncritical repetition of traditional
phrases concerning the units of time, place and action, *rarae aves*
which never lodged on Lope's tree, a naïve explanation of the
differences apparent between his own creation and the standard
works of old, coupled with excuses for catering to the poor taste
of the contemporary theatre-goer» (R. SCHEVILL, *The dramatic art
of Lope de Vega together with «La Dama boba»*, Berkeley, 1918,
pág. 10).
    Por otra parte, toda la investigación de Schevill permanece atada
a prejuicios heredados de la crítica anterior. Tan es así, que mientras se afana en demostrar que el teatro de Lope no es espejo de la
realidad, sino que reproduce esquemas tradicionales y está lleno de
literatura, no saca las consecuencias debidas de lo afirmado, y continúa identificando la *comedia* con el habitual milagro inventivo
de Lope, desvinculado de la tradición que lo precedió. Por
ejemplo, no hay una sola alusión al teatro valenciano a no ser en
el Prefacio (pág. II), donde se cita a Virués junto con Bermúdez,
Argensola, Juan de la Cueva, Miguel Sánchez, Cervantes de un
modo genérico, para subrayar el fracaso poético de los autores que
precedieron a Lope. En efecto: «no other type of play in the world
is so thouroughly and improvised creation as that of Lope», lo que
se confirma con el siguiente parangón: «As a highly endowed
musician may sit down at an instrument and compose without
premeditation, so Lope always had at his disposal, without any
seeming effort, all the unusual gifts which nature had so generously
bestowed on him» (pág. 76).
    La tenaz supervivencia del mito romántico de la separación en
dos diferentes y antinómicos aspectos de la personalidad de Lope
se encuentra también, aunque parcialmente atenuada por la exigencia de una mayor historicidad en L. PFANDL, *Geschichte der Spanischen Nationalliteratur in ihrer Blütezeit,* Freiburg, 1929; tr. esp.,
Barcelona, 1933, ²1952, el cual después de haber hecho una rígida
distinción entre el teatro clásico del siglo XVI y el popular, como
si el primero fuese totalmente literario y el otro desvinculado de
toda literatura [«el erudito clasicizante, el plebeyamente popular»
son palabras de Pfandl (tr. cit., pág. 405)], caracteriza después a
Lope como aquel que dio nueva forma al teatro popular, convir-

el de Menéndez Pidal [13]. Para éste, Lope de Vega no
es el «literato» que hace la palinodia de su teatro
popular porque cree en los preceptos tradicionales
sobre el arte, sino que es el artista siempre escéptico
ante aquellos mismos preceptos y que en el *Arte Nuevo* afirma una nueva estética distinta de la anterior.
Quizá Menéndez Pidal, al encontrarse con que debía
demoler una arraigada opinión contraria, ha dado demasiada importancia al valor doctrinal del *Arte Nuevo*, obra que a nosotros más nos parece una sabrosa
sátira literaria que un tratado teorético.

Con todo, Menéndez Pidal ha definido sin duda el
aspecto fundamental de aquella obra: la afirmación
de principios sustancialmente distintos de aquellos
que guiaban a los severos censores obedientes a las
reglas académicas clasicizantes y que despreciaban la
novedad de la *comedia*. Y, sin embargo, tampoco él
consigue desvincularse por completo de la idea de
que Lope sea el creador de una original, autónoma,
absoluta «novedad», sin casi vínculo alguno con la

tiéndolo en un «espectáculo escénico para todos» sin tener una
conciencia precisa de lo que creaba: «daba rienda suelta a la inspiración del momento y a su certero instinto dramático; su objetivo
era lo que agradaba al público... Su *Arte Nuevo* es un juego académico de ingenio, un inofensivo hacerse el sabio que, en la práctica, sólo hubiese engendrado abortos dramáticos» (tr. cit., pág. 444).
[13] R. MENÉNDEZ PIDAL, *El Arte Nuevo y la nueva biografía*, en
«Revista de Filología Española», XXII, 1935, págs. 337-398, reimpreso en *De Cervantes y Lope de Vega*, Buenos Aires, ⁴1947, páginas 65-134.
Un principio de revisión de la interpretación negativa, con anterioridad al trabajo de Menéndez Pidal, la encontramos en K. Voss-
LER, *Lope de Vega und sein Zeitalter*, München, 1931; tr. esp.,
Lope de Vega y su tiempo, Madrid, 1933. Vossler intuye que la
epístola poética no es ni mucho menos ambigua e insulsa y descubre su tono irónico, pero no se adentra en un análisis profundo
del texto.

anterior tradición literario-teatral; escribe, en efecto:
«Lope halló la escena entre dos extremos: de un lado,
la comedia *dell'arte,* improvisada en el momento oral
y único de ser ejecutada ante el público; de otro, la
obra renacentista, impresa para la lectura, sin que a
veces pretendiese ser representada, por carecer de toda
vitalidad dramática; Lope buscó para su comedia un
valor literario que la *dell'arte* no tenía y a la renacentista abrumaba, a la vez que procuró un valor teatral
que aquélla tenía débil y ésta malo; y así creó una
comedia, si no oral, manuscrita simplemente, destinada en un principio sólo a audiciones reiteradas, para
satisfacer la demanda del público» [14].

De este modo, Menéndez Pidal simplifica excesi-
vamente el problema, descuidando aquello que la tradición que precede a Lope había madurado en el plano al mismo tiempo literario y escénico (especialmente
en Valencia, como nuestra investigación tratará de
demostrar). Además, por otra parte, nos parece que
cambia peligrosamente de lugar el campo de la investigación, cuando, más adelante, definiendo como tradicional la poesía teatral de Lope, la quiere remitir a
los modos que él considera característicos del Romancero (... poesía contrapuesta a la erudita..., poesía
no personal..., no fijada dentro de una forma con-
cluida, en que el autor agotó la expresión de su
idea..., poesía sin el último toque de perfección humana..., poesía no intangible en la angosta esterilidad
de lo acabado, cosa inmutable, muerta; por lo contrario..., poesía *in fieri,* que desenvuelve lo mejor de su

[14] R. MENÉNDEZ PIDAL, art. cit. en *De Cervantes y Lope de Vega,*
págs. 104-105.

existencia en variarse y reproducirse...) [15], y concluye sosteniendo la legitimidad poética de las refundiciones, precisamente por ser característica fundamental de la *comedia* lo *inacabado*.

Llegados a este punto, se puede observar que el mismo Lope y los otros comediógrafos contemporáneos sintieron la necesidad de ocuparse de la publicación (y, por tanto, de la perpetuación literaria) de su teatro y, protestando contra las adulteraciones de los cómicos y de los impresores clandestinos, reivindicaron su carácter personal. En cuanto al proceso de transfiguración que, a través del tiempo, sufren en la conciencia literaria española determinados temas, llegando así a constituir una *tradición,* nos parece que, sustancialmente, el resultado es el nacimiento de siempre nuevas manifestaciones artísticas, las cuales podrán ser más o menos logradas estéticamente, pero que son siempre personales y literariamente acabadas en sí mismas [16].

Pero aquí queríamos únicamente llamar la atención sobre la persistencia de lo que nosotros consideramos un error crítico, que impide, de no ser superado, la verdadera comprensión del teatro español.

Y si se quiere una ulterior prueba de lo que sostenemos (aparte del fácil control de cuanto todavía se publica en los textos más difundidos de historia literaria), bastará observar la insistente supervivencia del antiguo mito, incluso en un estudioso que se ha dedi-

[15] *Ibíd.,* págs. 123-124.
[16] Una demostración convincente de lo afirmado ha sido ofrecida por un estudio acerca de las sucesivas elaboraciones literarias del *romance* del *Conde Alarcos:* G. MANCINI, *La romanza del Conde Alarcos, note per una interpretazione,* Pisa, 1959.

cado al teatro de Lope de Vega con criterios de investigación puramente objetivos, con una mentalidad casi
de analista de laboratorio (y que, en consecuencia,
debería, por su mismo carácter experimental, estar
libre de prejuicios). Me refiero a Morley, que, junto
con Bruerton, es autor de una minuciosa y diligentí-
sima obra sobre la cronología de las comedias de Lope
de Vega basada en el estudio de la métrica [17].

Ahora Morley, en un ensayo dedicado al estudio
del teatro español (que para él se caracteriza, a diferencia del teatro de otros pueblos, por ser teatro en
verso [18]), analiza los intentos de teatro en verso a través del siglo XVI, y subraya la oposición que los teóricos del clasicismo (sobre todo el Pinciano) hicieron
a la naciente forma de la *comedia,* para concluir, sin
embargo, que todo se resuelve en el clamoroso triunfo
de Lope de Vega: «When he (Pinciano) wrote, in
1596, the turning point had been passed. Until Lope
de Vega arrived, the issue between verse and prose
was doubt, like other issues: the unities, the whole
seriousness of drama. But Lope, the miracle of nature
(sic) settled them all. His enormous creative energy,
his exuberant improvisation, overflowed the dikes of
restraint... Thenceforth his rivals could do nothing
but follow him» [19]. También en él, pues, americano
del siglo XX, el mito de Lope poeta por naturaleza,
grato al corazón romántico, muestra tener plena supervivencia.

---

[17] S. G. MORLEY-C. BRUERTON, *The Chronology of Lope de
Vega's Comedias,* New York, 1940.
[18] S. G. MORLEY, *The curious phenomenon of spanish verse
drama,* en «Bulletin Hispanique», L, 1948, págs. 445-462.
[19] *Ibíd.,* pág. 451.

En nuestra opinión, ha sido justamente la persistencia de este mito lo que impidió que se pudiese esclarecer el problema de cómo se ha formado en la España del xvi la tradición teatral de la *comedia*. Una ulterior prueba nos es suministrada por Mérimée (cuyas conclusiones acerca del teatro valenciano ya hemos expuesto), el cual llega a sostener que Lope no le debe nada a la tradición valenciana y que en Valencia la *comedia* es importada por Lope, mientras él mismo señala que el teatro en Valencia era floridísimo [20], y que antes de 1600 la comedia había triunfado allí más plenamente que en ninguna otra parte [21]. No se comprende cómo esta ciudad, con una tradición teatral tan antigua y desarrollada y con una tal capacidad de ulterior desarrollo, no sugiriera nada a un Lope de Vega que llega allí, entre 1588 y 1589, joven y aún sin afirmarse como autor cómico.

Llegados a este punto, se hace evidente que, para resolver el problema, se precisa tener el valor de liberarse de los esquemas constituidos y afrontar una nueva investigación que se atenga a la realidad histórica sin prejuicio alguno. Será oportuno, antes de nada, volver al *Arte Nuevo,* de Lope, y tratar de definir mejor su significado. Después, deberá estudiarse sobre nuevas bases el problema de la relación entre la

[20] H. MÉRIMÉE, *op. cit.,* pág. 454: «L'experience déjà longue des dramaturges valenciens et leurs traditions presque séculaires ne servirent plus de rien du jour où un modèle de comedia sortit, tout armé, du cerveau de Lope de Vega.»
[21] H. MÉRIMÉE, *op. cit.,* pág. 649: «Anterieurement à l'année 1600, on ne trouverait pas en Espagne une seule cité, pas même Madrid, où elle (la *comedia)* ait été cultivée avec plus de ferveur.»

comedia de Lope y la tradición teatral valenciana precedente.

En el ensayo que hemos citado anteriormente sobre el *Arte Nuevo,* don Ramón Menéndez Pidal dejó claro que, por *arte,* en el lenguaje de Lope se debe entender «el conjunto de preceptos tradicionales que guiaban al escritor, inútiles en su mayoría» [22]. Desarrollando su tesis, sostenía que la nueva estética teatral lopesca nació en estrecho contacto con un ideal platonizante que ponía a la *naturaleza* en primer plano, con respecto al *arte* racionalista de la codificación aristotélica, reflejándose en el contraste «un confuso eco de la eterna disidencia de Platón y de Aristóteles» [23]. También a nosotros nos parece posible contemplar la poética lopesca a partir del *Arte Nuevo:* no entrevemos, sin embargo, la posibilidad de reconocerla basada sobre un concepto de naturaleza en sentido platonizante, como sostiene Menéndez Pidal. El término *naturaleza* es usado por Lope en su primario, simple y no precisamente filosófico significado, de espontaneidad del sentimiento y de la inspiración; Lope tiende a desvincularse de los preceptos absolutos de la tradición clasicizante, para introducir un concepto de relatividad: no existe la regla absoluta tomada de los antiguos, sino que existe una regla nueva que, de cuando en cuando, se hace según la exigencia que el drama impone al constituirse [24]. El

[22] R. MENÉNDEZ PIDAL, art. cit. en *De Cervantes y Lope de Vega,* pág. 72.
[23] *Ibíd.,* pág. 72.
[24] Ha superado felizmente los equívocos fundamentales en los que la crítica se había enredado, por lo que se refiere al *Arte Nuevo,* ROMERA-NAVARRO, el cual ha reconocido el fundamental ca-

cambio no significa un acercamiento a ideas platoni-
zantes: de haber una base doctrinal en el pensamiento
de Lope, me parece que sería todavía de ascendencia
aristotélica. En todo caso, el *Arte Nuevo* señala el alejamiento de la poética de Aristóteles, entendida como
summa estética, autoridad de donde deducir, como
había hecho la crítica del xvi, sobre todo italiana, ri-

rácter irónico del *Arte Nuevo* y ha puesto de relieve la constante
convicción que Lope tuvo de que la *comedia* tenía el derecho de
imponerse sus propias reglas, convicción que él mismo fue afirman-
do en proposiciones cada vez más firmes, hasta alcanzar la conciencia total de haber sido el creador del nuevo género (M. ROMERA-
NAVARRO, *La preceptiva dramática de Lope de Vega,* Madrid, 1935).
  Nada nuevo, en cambio, contiene el ensayo de J. S. PONS *L'Art
Nouveau de Lope de Vega,* en «Bulletin Hispanique», XLVII,
1945, págs. 71-78, que declara haber escrito su ensayo antes de conocer el de Menéndez Pidal y que ignora la existencia del de Romera-Navarro. Pons insiste aún más sobre el carácter contradictorio
de la obra que revelaría una íntima lucha moral y constituiría casi
«un examen de conciencia» de Lope.
  Superficial es el breve capítulo dedicado a este tema por R. DEL
ARCO en la *Historia general de las literaturas hispánicas,* Barcelona, 1953, III, págs. 231-233, donde el autor permanece atado a la
postura de Menéndez Pelayo y no da señales de conocer siquiera
el proceso de revisión que se estaba llevando a cabo (por ejemplo,
en la bibliografía, ni siquiera cita el trabajo de Romera-Navarro).
  En un trabajo más reciente (G. SINICROPI, *L'Arte Nuevo e la
prassi drammatica di Lope de Vega,* en «Quaderni Ibero-America-
ni», IV, 25, 1960, págs. 13-26) se insiste sobre el carácter empírico
de la preceptiva lopesca. En mi opinión, hay que tener presente
el particular tono del *Arte Nuevo,* la actitud socarrona y aparentemente humilde que asume Lope ante sus adversarios, para reconocer que el empirismo es a veces fingido o polémicamente exagerado
y que, entre renglones, se puede leer una efectiva y consciente posición teórica. Sobre el problema está en vías de publicación un
trabajo mío que será editado en el vol. I de los *Annali dell'Università di Macerata* y que lleva el siguiente título: «Riflessioni sull'interpretazione del 'Arte nuevo de hacer comedias en este tiempo,
dirigido a la Academia de Madrid' di Lope de Vega» y cuya traducción ofrecemos como apéndice del presente tomo.
  Para la bibliografía sobre el tema, véase J. JOSÉ PRADES, *El Arte
Nuevo de hacer comedias, de Lope de Vega (Un ensayo bibliográfico),* en «Segismundo», 3, 1966, págs. 45-55.

gurosos preceptos. Se puede también notar que esta
obra encubre un implícito acercamiento a la *Retórica*
aristotélica, texto que había gozado de notable consideración en el Humanismo italiano del siglo xv, después casi totalmente abandonado durante el Renacimiento de principios del xvi y que, con la crisis del
Renacimiento, había sido reestudiado en Italia y fuera de ella [25]. Por lo que se refiere a España, ha sido
Batllori [26] quien ha aportado noticias seguras acerca de
la decidida ventaja que la enseñanza de la *Retórica*
aristotélica había tomado con relación a la *Poética,*
especialmente en los colegios de jesuitas, donde entra
definitivamente como texto con la *Ratio studiorum*
de 1599.

Acercarse a la *Retórica* de Aristóteles quería decir
renunciar a lo absoluto del discurso incontrovertible,
a la demostración racionalista, renunciar, en otros términos, a la *regla* para orientarse hacia la libertad de
un discurso que no se prefijaba fines últimos, sino que
era sobre todo técnica persuasiva, invitación a la participación, es decir, búsqueda de inmediata relación
entre el que habla y el que escucha, el que escribe y
el que lee y, en el caso concreto del teatro, entre el

---

[25] Para esta relación entre retórica y barroco véanse las diferentes
contribuciones de los participantes en el «III Congresso Interna-
zionale di Studi Umanistici», celebrado del 15 al 18 de junio de
1945 en Venecia, en «Retorica e Barocco», actas del Congreso editadas por E. CASTELLI, Roma, 1955, y en particular: E. CASTELLI,
Retorica e persuasione, págs. 5-7; G. C. ARGAN, *La Retorica e l'arte
barocca,* págs. 9-14; G. MORPURGO-TAGLIABUE, *La Retorica aristo-
telica e il barocco,* págs. 119-195.
[26] M. BATLLORI, *Gracián y la Retórica barroca en España,* en
«Retorica e Barocco», cit., págs. 27-32.

que representa y los espectadores que asisten a la representación.

Es imposible demostrar una influencia de tipo erudito y académico de la *Retórica* aristotélica sobre el *Arte Nuevo,* precisamente porque la obra lopesca no tiene en absoluto el carácter de una obra erudita o académica, pero es igualmente imposible no advertir que en esta composición (la cual, en su discursiva y horaciana forma epistolar, se presenta como una airosa autodefensa y una elegante y socarrona sátira de los pedantes), cuando se llega a su parte más propiamente preceptiva, no se va más allá de consejos prácticos sugeridos por la experiencia, que hacen del tratadillo casi una exposición técnica regida por una sustancial adhesión al concepto de arte como retórica persuasiva y no como canon racionalista. Menos se habla, por ejemplo, de contenidos que del modo de expresarlos, y las sugerencias son siempre genéricas, por la misma conciencia de la relatividad de la materia. No nos parece, por tanto, aceptable la afirmación de Menéndez Pidal de un platonismo lopesco asimilado, en su juventud, del Romancero [27], y desarrollado, dentro de la antinomia estética de *naturaleza y arte,* en favor del primer término. De un modo mucho más sencillo, Lope contrapone la espontaneidad al artificio, la libertad interior a la servidumbre de los cánones, lo moderno y vital a lo antiguo y muerto, pero no niega nunca el arte: para él, éste es sobre todo retórica, y distingue al propio como *nuevo* respecto al *antiguo* de los pedantes en cátedra, del mismo modo que, en

[27] R. MENÉNDEZ PIDAL, art. cit. en *De Cervantes y Lope de Vega,* pág. 84.

Italia, Bruno sostenía: «... la poesia non nasce da le
regole, se non per leggerissimo accidente; ma le regole
derivano da le poesie: e però tanti son geni e specie
de vere regole quanti son geni e specie de veri poe-
ti» [28], y Marino afirmaba: «La vera regola è saper
rompere le regole a tempo e luogo, accomodandosi al
gusto corrente e al gusto del secolo» [29].

Tampoco nos convence otra afirmación de Menéndez Pidal, según la cual la doctrina de la poesía sugerida por la *naturaleza* y no por el *arte* es aplicada por
Lope exclusivamente al teatro y a los *romances,* no
a los otros géneros literarios, que, en cambio, deben
permanecer sujetos al arte: «Lope acata los preceptos
del arte que guían en la poesía como en todas las otras
ciencias, pero exceptúa una zona (teatro y romances)... que puede y aun debe sustraerse a los preceptos para abandonarse al impulso natural» [30].

Es cierto, en cambio, que los mismos criterios de
libertad de concepción que Lope aplica al teatro, los
aplica igualmente a los otros géneros literarios. Por
eso puede ser adversario del culteranismo: éste mul-
tiplica en formas desproporcionadas sus búsquedas estilísticas, y se aleja de aquella propiedad de lenguaje
que los argumentos tratados y el gusto de los lectores

[28] G. Bruno, *Gli eroici furori,* en «I Dialoghi», por G. Gentile,
Bari, ²1927, II, pág. 336.
    El mismo Lope afirma: «El arte de las comedias y de la poesía
es la invención de los poetas príncipes, que los ingenios grandes no
están sujetos a preceptos» (L. Vega Carpio, «Prólogo» a la *Parte XVI de las Comedias,* en B. A. E., LII, pág. XXV).
[29] G. B. Marino, *Lettera CCXXX al Signor Girolamo Preti,* en
«Epistolario», Bari, 1912, II, pág. 55.
[30] R. Menéndez Pidal, art. cit. en *De Cervantes y Lope de
Vega,* pág. 74.

exigen; es, sobre todo, oscuro e incomprensible y falta así a las exigencias fundamentales de una sana y
moderna retórica: la espontánea libertad y la comunicabilidad del lenguaje poético [31]. Como puede verse,

[31] L. Vega Carpio, «Discurso sobre la nueva poesía al duque de
Sessa», en B. A. E., XXXVIII, págs. 137-141: «Creo que muchas
veces la falta del natural es causa de valerse de tan estupendas máquinas del arte...; engáñase quien piensa que los colores retóricos
son enigmas...; hay partes que la singularidad ha envuelto en tantas tinieblas que he visto desconfiar de entenderlas gravísimos hombres que no temieron comentar a Virgilio ni a Tertuliano...; pues
hacer toda la composición figuras es tan vicioso e indigno como si
una muger que se afeita, habiéndose de poner la color en las mexi-
llas, lugar tan propio, se la pusiesse en la nariz, en la frente y en
las orejas...; decía el doctor Garay que la poesía había de costar
grande trabajo al que la escribiese y poco al que la leyese. Esto es
sin duda infalible dilema.»
    Y en La Dorotea, acto IV, esc. II (ed. J. M. Blecua, Madrid,
1955, págs. 434-435): «A mí me parece que el término culto no
puede haber etimología que mejor le venga que la limpieza y el
despejo de la sentencia libre de la obscuridad; que no es ornamen-
to de la oración la confusión de los términos mal colocados y la
bárbara frase traída de los cabellos con metáfora sobre metáfora.»
    Y más adelante (pág. 439): «El arte poética es parte de la filosofía
racional y por eso se cuenta entre las liberales; pero aunque es verdad que tiene principio de la naturaleza ¿qué bárbaro no sabe que
el arte la perfecciona?»
    Menéndez Pidal, para poner de acuerdo estas aparentes contra-
dicciones de Lope y explicar otras afirmaciones en que la unión de
arte y naturaleza es expresada con decisión [por ejemplo, en La
Andrómeda: «que si arte y natural, juntos, no escriben / sin ojos
andan y sin alma viven» (B. A. E., XXXVIII, pág. 494); en La Arcadia, libro V: «naturaleza su armonía / primero infunde con mayor violencia, / ayuda el arte, y juntos a porfía / vienen a tal extre-
mo de excelencia...» (B. A. E., XXXVIII, pág. 129), y también en
la Epístola a Claudio: «con sus preceptos y rigores, / cultiva el
arte naturales flores» (B. A. E., XXXVIII, pág. 434)], se ve obligado a crear una nueva dicotomía, distinta de las de la crítica precedente, pero igualmente discutible. Para el estudioso español habría
dos épocas en la vida y en el arte de Lope: una primera en que
domina el poeta sencillo y natural y una segunda en que domina
otro, más docto y grave. Si en un primer momento Lope había
pensado en un arte que fuese todo espontaneidad, sólo en su edad
madura abandona esta opinión para llegar a concebir la posibilidad
de un perfeccionamiento de la inspiración natural por medio del

son éstos los mismos principios que rigen el *Arte
Nuevo*.

Para Lope, la poesía nacía distinta según las exigencias de su género y según el público al que iba
dirigida: por esto, el teatro puede parecer obra *popular* y el resto de su producción puede ser calificado de
culto; pero la raíz de la que brota su poesía es siempre
la misma, y su estilo puede unas veces acentuar el

arte. Pero las mismas citas dadas por Menéndez Pidal, que antes
he señalado y que están diseminadas en todo el arco de la producción lopesca, lo contradicen. Ya hemos observado que el *Arte Nuevo,* lejos de sostener el concepto de una poesía como pura espontaneidad natural, reconoce los derechos del arte, aunque nuevo y
antiacadémico. Ni es el caso de pensar que Lope haya necesitado
del apoyo ajeno para llegar poco a poco a convencerse de este hecho
tan simple y evidente, como opina Menéndez Pidal, el cual presenta la *Expostulatio Spongiae,* de Alfonso Sánchez, como un texto
crítico-polémico que vendría a hacer tomar a Lope una más clara
conciencia de lo que debe ser la relación entre naturaleza y arte
(véase R. MENÉNDEZ PIDAL, art. cit. en *De Cervantes y Lope de
Vega,* pág. 90).

Por lo demás, las diligentes investigaciones de Entrambasaguas
en torno a las polémicas literarias entre las que Lope vive (si bien,
no siempre, ante la acumulación de noticias, se resuelven en precisas indicaciones de valor crítico) dejan entrever a un Lope que,
a partir del momento en que se empeña directamente en el soste-
nimiento de sus ideas, se eleva por encima de las polémicas a un
plano de superior serenidad y consciente sabiduría (J. ENTRAM-
BASAGUAS, *Una guerra literaria del Siglo de Oro: Lope de Vega y
los preceptistas aristotélicos,* Madrid, 1932; reimpreso en *Estudios
sobre Lope de Vega,* Madrid, I, 1946, págs. 63-417, y II, 1947,
págs. 7-163).

Tampoco nos persuade más otra razón aducida por Menéndez
Pidal en apoyo de su tesis, considerada por él como cierta y definitiva: la de que la educación juvenil del poeta (que caracteriza
su primera época) estuvo influida por el Romancero y por su carácter anónimo, tradicional, natural. Si bien es verdad que la ini-
ciación literaria de Lope parece producirse en el campo de los *romances,* es igualmente cierto que no hay nada más exquisitamente
refinado que sus *romances* juveniles, espontáneos sí, pero no por
impulso natural o sugestión de ambiente, sino con aquella espontaneidad que nace de un superior dominio de la cultura y de la
técnica literaria.

aspecto docto (quizá en los dramas), otras el aspecto popular (quizá en las otras obras), pero permanece siempre, sustancialmente, denso de literatura.

No hay, pues, ruptura ideológica y teórica entre un primero y un segundo Lope; si alguna diferencia existe, ésta es en todo caso de naturaleza esencialmente psicológico-moral: Lope anciano resulta a menudo más grave que Lope juvenil, pero esto es frecuente accidente humano, y en nuestro caso concreto, explicabilísimo con hechos y circunstancias de la misma vida de Lope: la consideración de ésta podrá servir para una interpretación estética de la obra de madurez de Lope, como en efecto ha servido [32]; pero no guarda relación con la poética lopesca que, precisamente por no atenerse a los cánones, está en grado de satisfacer, de un modo dúctil, exigencias diversas.

Esa poética, en lo que ahora nos interesa, es decir, el teatro, consistía sobre todo en el abandono de un ideal de abstracta perfección formal o de abstractos módulos psicológicos, y en el acercamiento a formas más vivas y variadas; significaba la renuncia a la posición centralizadora del autor, creador único de una obra de arte que debe mirarse desde una sola perspectiva, y la aceptación de una postura de diálogo en la que el autor es bien consciente de los valores sentimentales y morales que constituyen el patrimonio

[32] Es el motivo del «desengaño» que a Vossler y sobre todo a Alda Croce ha servido para interpretar la obra que el mismo Lope definió «póstuma de mis musas»; «la más querida / última de mi vida» (K. VOSSLER, *Lope de Vega y su tiempo*, cit., págs. 200-214; A. CROCE, *La Dorotea di Lope de Vega*, Bari, 1940).

de su público, los cuales quiere estimular justamente porque para él la poesía es sobre todo comunicación [33].

Las perspectivas psicológicas, escenográficas, formales se multiplican; la técnica gana en destreza, pero al mismo tiempo tiende a desaparecer.

Es fácil comprender con esto cómo, en el ámbito de tal poética, los contenidos dejan de tener importancia en cuanto «tesis» del autor —resultado de una personal y original meditación filosófica— y pueden consistir en una serie de principios que no se discuten, comunes al poeta y a la sociedad en que éste vive. Por eso, no teatro de ideas, sino de psicología y casuística moral; el drama nace así del mundo afectivo, en antinomia con las normas de un sistema ético-religioso-social constituido, esto es, del contraste entre aquello que ni siquiera se piensa discutir (y son los principios, la verdad de fondo) y su realización concreta, que resulta terrible y dramáticamente difícil por la misma naturaleza pasional del hombre.

---

[33] Y esto sin bajarse al gusto del público, como bien ha puesto en claro Menéndez Pidal: «pero Lope no se deja arrastrar del público» (R. MENÉNDEZ PIDAL, art. cit. en *De Cervantes a Lope de Vega,* pág. 94). El autor querría ver una progresión, en la obra de Lope, de un lenguaje más popular a uno más culto, en relación con una educación progresiva, que él estaría realizando, de su propio público. Pero esta suposición no lleva el correlato de una demostración probante, y añade poco en apoyo de un esquema de un primer y de un segundo Lope. Es verdad, en cambio, que lo conceptuoso y culto están presentes en toda la obra de Lope. Esto ha sido demostrado claramente en la lírica por Dámaso Alonso, que ha aportado ejemplos de poesía extraordinariamente «culta» con anterioridad a 1600 (D. ALONSO, *Lope de Vega, símbolo del barroco,* en «Poesía Española», Madrid, 1950, págs. 449-510). Es además por todos sabido que Lope de Vega no vacilaba, para componer un volumen de poesías líricas, en extraerlas abundantemente de sus comedias, demostrando así no hacer diferencia alguna entre teatro «natural» y lírica «artística».

Por esto la *comedia* lopesca es esencialmente drama de afectos agigantados en formas casi siempre ejemplares, donde, sin embargo, el didascalismo no es extrínseco o mero reflejo, sino que obedece a una precisa e íntima necesidad que se caracteriza como acto de persuasión y que, por una parte, ve al artista consciente que medita y sabe convencer, y por otra, al público, que quiere ser convencido a través de la ficción artística [34].

Este proceso de sabia ilusión es contemporáneo, en las artes figurativas, del gusto barroco por las audacísimas perspectivas aéreas que, en los artesonados y en las bóvedas, fingen escenas, o cielos, o imágenes a *trompe l'oeil*.

Lo mismo que sería ingenuo pensar que los contemporáneos que gustaban de aquellas figuraciones fuesen a ser «prácticamente» engañados [35], así también se debe creer que la conciencia del artificio era común a la conciencia del autor de teatro y de su público. De ello se deduce como lógica consecuencia que aquello que Lope de Vega, con aparente desprecio, define en el *Arte Nuevo* como *vulgo* no era un

---

[34] También este particular puede ayudarnos a una acertada comprensión del concepto de *honor* en la *comedia* que no debe juzgarse desde un punto de vista moral, en abstracto, como hizo Moratín y también, en fecha más próxima a la nuestra, Menéndez Pelayo y su seguidor Cotarelo y Mori (véase lo que a este propósito observa R. MENÉNDEZ PIDAL, *Del honor en el teatro español,* en «De Cervantes y Lope de Vega», cit. págs. 137-160), sino que debe estudiarse en su relación histórica, no tanto con una costumbre *práctica* de la época como con un ideal moral que requería ser representado en una proyección agigantada y deformada, para que resultase más persuasivo y provocase una participación emocional mayor.

[35] Acerca de este particular véase G. C. ARGAN, art. cit., pág. 13.

público ignorante ni mucho menos; si bien era más rico, ciertamente, en una sabiduría más vital y práctica que doctrinal y libresca, en una sabiduría que se correspondía a la perfección con el drama que le era presentado, donde la acción generaba el lenguaje y la pasión le daba color.

E igualmente evidente es, para quien sepa leer bien, que Lope no pensaba de ninguna manera que fuese vulgo su auditorio, amante de la nueva *comedia* y totalmente extraño a la comedia y tragedia ajustadas a las reglas clásicas: si en el *Arte Nuevo* él usa este término, lo hace a propósito, es decir, asume irónicamente un nombre que sus adversarios pedantes acostumbraban a emplear para referirse al público de las *comedias*. Del mismo modo podrá definir a estas últimas como *monstruos* y llamar a sus autores (es decir, sobre todo a sí mismo) *bárbaros*.

Asumiendo para sí y para su *comedia* los apelativos de escarnio usados por sus adversarios, Lope devolvía la burla, conteniéndola, sin embargo, en una mesuradísima entonación de taimada modestia, más allá de la cual se entrevé, con todo, una comedida, distanciada, casi ariostiana superioridad. Por lo demás, no sólo aquí usó un tono discreto, sino también en las polémicas literarias, a las que, según la costumbre de su tiempo, no supo sustraerse [36].

Los detractores de Lope que vendrán en los siglos siguientes tampoco se diferenciarán mucho, por lo que se refiere a la actitud y a los argumentos, de aque-

---

[36] Véase, sobre todo, cuanto observa J. ENTRAMBASAGUAS, *Una guerra literaria del Siglo de Oro,* en «Estudios», cit. II, págs. 14 y ss., a propósito de *La Filomena*.

llos primeros adversarios a los que el gran poeta dirigía su desenfadada ironía. Moratín escribirá [37]: «Nada estimaba el público en los teatros si no era de Lope: los demás poetas vieron que el único medio de adquirir aplausos era imitarle, y, por consiguiente, abandonaron el estudio de los buenos dramáticos de la antigüedad, las doctrinas de los mejores críticos y aquellos preceptos más obvios que dicta por sí solo el entendimiento sin necesidad del ejemplo ni de la lectura.» Y proseguía subrayando la maravillosa facilidad inventiva de Lope, y sustrayéndolo a la acusación de haber sido el corruptor del teatro español, puesto que éste «ya estaba enteramente perdido cuando él empezó a escribir». Su única culpa fue, en todo caso, «el no haber intentado corregirle» [38].

En el siglo XIX, Morel-Fatio [39], que se disponía a examinar el teatro español tras el entusiasmo romántico por la «espontaneidad» de la inspiración y del dictado lopescos, insistía en el carácter aproximativo de aquel teatro, debido esencialmente a la falta de cuidado literario. Así, el trabajo de lima era tan escaso como para llegar a impedir el traslado de aquel teatro de la escena al libro, de la representación a la lectura. Limitaba, además, el valor del teatro lopesco y español en general, por estar caracterizado según motivos exclusivos de la época, de la historia y de la nación española: el popularismo, la psicología superficial, la

---

[37] L. Fernández Moratín, *Obras,* Madrid, 1830, I, pág. 52.
[38] *Ibíd.,* pág. 53.
[39] A. Morel Fatio, *La comédie espagnole du XVIIe siècle,* París, 1885.

versificación más lírica que dramática y una cierta desenvuelta puerilidad de composición [40].

Y en el mismo siglo xx nos encontramos con las reservas de Azorín [41]: «Aparte de la cuestión moral, no comprendemos cómo esta dramaturgia ha podido, técnicamente, prevalecer. La impresión dominante que nuestro teatro clásico produce, es la de una porción de gentes irreflexivas, inconscientes, que se mueven, van, vienen, giran y tornan a girar velozmente, sin enterarse de nada ni tener conciencia de lo justo y de lo exacto.»

Con diferentes matices, todos estos juicios referidos no hacen más que repetir, a lo largo de los siglos posteriores al xvii, las acusaciones de irracionalismo, vulgaridad e ignorancia de los adversarios contemporáneos de Lope.

Se puede comprobar, pues, en la historia de la crítica lopesca un verdadero y propio filón clasicista y racionalista que llega a la denegación, sin darse cuenta del apriorismo de su postura, ligada a abstractas estructuras estéticas, o, lo que todavía es más grave, a un abstracto moralismo. Pero un repudio semejante no se puede aceptar desde un punto de vista crítico, a no ser en el plano de la historia del gusto, del mismo modo que en la historia del gusto hacemos entrar a todos aquellos que han exaltado la poesía lopesca bajo el aspecto antihistórico del «fenómeno» natural y del impersonal popularismo.

---

[40] Para la cit., véase H. A. RENNERT-A. CASTRO, *Vida de Lope de Vega,* cit. pág. 406.
[41] AZORÍN, *Algunas ideas estéticas,* en «ABC», Madrid, 26 de octubre de 1912.

Se trata, en cambio, de reconocer lo que fue el teatro de Lope y el de sus predecesores en su plena y concreta historicidad, sin que los valores personales se dispersen en un indiferenciado historicismo idealista o sean anulados por el rigorismo de determinaciones metahistóricas. Nosotros tratamos fundamentalmente de resaltar los valores personales de la obra de arte, bien conscientes, sin embargo, de que éstos se constituyen, cada uno en una particular condición histórica, en viva dialéctica entre tradición y actualidad.

Por esta necesidad de adhesión total al carácter histórico de la obra de arte nos parece —como juicio histórico— insuficiente también la calificación de «poesía popular» que Croce ha dado a la obra de Lope de Vega. Es cierto que él sustrajo en buena parte a la figura de Lope de los angostos límites en que había sido encerrada y que le confirió un más característico relieve poético [42], pero es también verdad que su definición de poeta popular no va más allá de ser una indicación de carácter puramente estético, limitándose a una definición del «tono» de la poesía lopesca.

La realidad personal e histórica de la obra de Lope está por definir. Nosotros pensamos que la verdadera grandeza de Lope consiste en haber sabido crear (en correspondencia con una propia visión de la existencia coincidente con la del pueblo para el que escribía, pero de la cual él era, sólo, a un tiempo consciente

---

[42] B. CROCE, *Poesia di Lope,* en «Poesia antica e moderna», Bari, 1941, pág. 282: «Non riduciamolo a documento di un popolo e una epoca: col tener fermo alla qualificazione di popolare, lo si riconosce poeta universalmente, se anche elementarmente, umano.»

intérprete y distanciado observador) un lenguaje para
el teatro, encontrando feliz equilibrio y acabamiento
estético entre el lenguaje culto de la tradición literaria y el lenguaje de la inmediatez práctico-objetiva que,
en el siglo XVI, se había intentado llevar a la escena.

Esta elaboración de una materia que, a la vez, fuera
representable y que se adecuase a la conciencia del
tiempo, y de un lenguaje teatral poético, antes que en
él, se había dado sobre todo en los poetas que anima-
ron la vida escénica de Valencia. Es decir, que se había constituido en Valencia una tradición literaria
nueva a través de una serie de experiencias (las cuales
intentaremos definir con una perspectiva histórica más
segura) que permitían la maduración de una nueva
poética teatral.

En un cierto momento de aquella tradición se in-
sertará la personalidad de Lope de Vega, con una superior consciencia y una genialidad y vigor poéticos
más poderosos.

II

EL AMBIENTE LITERARIO VALENCIANO Y EL TEATRO EN SU NACIMIENTO COMO ESPECTÁCULO PÚBLICO

Estudiar, según intentaremos en el presente capítulo, la formación de una tradición dramática valenciana significa, en primer lugar, para nosotros llegar a definir las personalidades artísticas que a esta formación han contribuido. Se trata, en otros términos, de una investigación que no se mueve en el ámbito de una concepción del género literario como evolución o determinación metahistórica, sino que atiende a precisar los valores literarios, personales siempre, en el ámbito de una realidad histórica cuyos múltiples componentes (sociales, políticos, etc.) deben tenerse en todo momento presentes.

Por otra parte, concentrar nuestra atención sobre el teatro valenciano no significa desconocer la existencia o la importancia de otros centros donde operaron autores de teatro (como, por ejemplo, los de Madrid y Sevilla): significa únicamente que, a nuestro juicio, fue en Valencia donde las estructuras de la «comedia» tomaron forma más que en otro sitio y que en Valencia tuvo lugar el encuentro con ellas por parte de Lope de Vega, el poeta capaz de impulsarlas a su triunfo definitivo.

Por lo demás, se trata de una opinión ya expresada
(si bien nunca ha sido suficientemente demostrada)
por otros autores, y también a menudo negada por
afirmaciones que son fruto de la influencia determinante de aquellos prejuicios contra los cuales hemos
polemizado en el capítulo anterior. Es el caso de
Schack [1] y de Mérimée [2], que llegan incluso a forzar
la cronología para hacer depender el teatro valenciano de Lope de Vega.

La Barrera [3] habló de Valencia como centro de
aquella «distinguida escuela donde más tarde perfec-
cionó su gusto el gran Lope», pero no profundizó en
el problema; y el mismo Menéndez Pelayo tuvo ocasión una vez de observar, al paso, que los «poetas
dramáticos [valencianos], más bien que discípulos de
Lope, fueron colaboradores en su obra y acaso pre-
cursores» [4].

En fecha más cercana a nosotros, Henríquez Ureña,
hablando de los caracteres de la comedia española,
llega a esta conclusión: «Nada permite atribuir a Lope
de modo exclusivo la fijación del tipo: todo sugiere
la colaboración de los poetas valencianos, con priori-
dad probable en muchos aspectos, pero sí podemos
atribuirle a Lope el triunfo» [5].

Quizá quien con más decisión e insistencia ha sos-

---

[1] Véase *supra,* págs. 14-15.
[2] Véase *supra,* pág. 23.
[3] A. C. LA BARRERA, *Catálogo bibliográfico y biográfico del teatro antiguo español desde su origen a mediados del siglo XVII,*
Madrid, 1860. Véase el art. Aguilar, Gaspar, pág. 7.
[4] M. MENÉNDEZ PELAYO, *Antología de poetas líricos castellanos,*
III, en O. C., cit. XIX, pág. 399.
[5] P. HENRÍQUEZ UREÑA, *Lope de Vega,* en «Plenitud de España»,
Buenos Aires, 1945, págs. 23-48. La cit. está en pág. 32.

tenido la importancia de la aportación de Valencia a la formación de la comedia ha sido Juliá Martínez, el cual ha proporcionado también válidas aunque parciales contribuciones para demostrarlo [6], sin que, por otra parte, sus observaciones aisladas hayan estado coordinadas en una precisa y unitaria visión histórica.

Más particularmente interesado en demostrar la existencia de relaciones históricas precisas, es el intento de Atkinson [7], que ve en Cristóbal de Virués un autor que, llevando a cabo, a través de un ordenado y consciente proceso, una transformación de la tragedia senequista, alcanza una forma nueva de teatro, más rica y vital, precisamente la que se ofrece como modelo a Lope de Vega cuando llega desterrado, a finales de 1588, a Valencia. Sería, por consiguiente, Virués el verdadero fundador de la *comedia,* aunque esta afirmación se encuentra notablemente diluida en las páginas finales del ensayo [8]. Nos parece poder advertir en Atkinson un error fundamental: el de haber separado arbitrariamente la figura de Virués del contexto de la tradición teatral valenciana y haber pensado en una aportación innovadora exclusiva de él.

---

[6] Véanse sobre todo: E. Juliá Martínez, *Observaciones preliminares* a *Obras de Guillén de Castro y Bellvís,* Madrid, 1925-27, 3 tomos; *Observaciones preliminares* a *Poetas dramáticos valencianos,* Madrid, 1929, 2 tomos; *La literatura dramática del siglo XVI,* en «Historia general de las literaturas hispánicas», Madrid, 1953, III, págs. 105-213.

[7] W. C. Atkinson, *Séneca, Virués, Lope de Vega,* en «Homenatge a Antoni Rubió i Lluch», Barcelona, 1936, págs. 111-131.

[8] W. C. Atkinson, *art. cit.,* pág. 130: «It is far from the purpose of this article to suggest that Lope found the comedia formed and ready to his hand when a fortunate mischange took him to Valencia, and still farther to suggest that Virués was himself immune for contemporary and chiefly italian influence.»

El examen de estas inciertas tentativas nos convence todavía más de la oportunidad de un trabajo más vasto de reconstrucción historiográfica del ambiente cultural valenciano y en particular del teatral. Naturalmente esta investigación tropieza con la grave dificultad en que se encuentra el estudioso de cualquier aspecto del teatro español del XVI, o sea la escasez de textos: circunstancia que bien señalaba ya Bataillon en 1935, previniendo a los estudiosos contra las apresuradas reconstrucciones apoyadas únicamente en los pocos textos que aún quedan [9].

También Gillet, el gran editor e intérprete del teatro de Torres Naharro [10], al estudiar reiteradas veces los posibles contactos entre Torres Naharro y la comedia barroca, se vio obligado a confesar su embarazo ante la inexistencia de una segura línea histórica en la tradición teatral del XVI [11], y Green, que se ha encar-

[9] M. BATAILLON, *Simples reflexions sur Juan de la Cueva,* en «Bulletin Hispanique», XXXVII, 1935, págs. 329-336, reimpreso en «Varia lección de clásicos españoles», Madrid, 1964, págs. 206-213. En la página 213: «Quizá habría que sacar la conclusión de que del teatro español del último tercio del siglo XVI, período en que cobra forma la comedia a la que Lope ligó su nombre, no conocemos más que vestigios harto insuficientes para reconstruir con ellos esta creación dramática en su conjunto y en su progreso.»

[10] B. TORRES NAHARRO, *Propalladia and other works,* edición de J. E. Gillet, 4 vols. (los dos primeros editados en Menasha, Wisconsin, y los otros dos en Philadelphia, Pennsylvania), 1943-1961.

[11] J. E. GILLET, *Torres Naharro and the Spanish Drama of the 16th Century,* en «Estudios eruditos in memoriam de A. Bonilla y San Martín», Madrid, 1927-30, II, págs. 437-468; *Torres Naharro and the Spanish Drama of the 16th Century,* en «Hispanic Review», V, 1937, págs. 193-207; *Report to the Modern Language Association at Detroit (1947),* en «Torres Naharro and the Spanish Drama», en «Propalladia and other works», op. cit., IV, págs. 572-577.
La dificultad es, a nuestro parecer, insuperable si se pretende establecer una relación genética directa entre Torres Naharro y

gado de la edición del último volumen del poeta ex-
tremeño, basándose en los papeles dejados por Gillet,
al enfrontar por su cuenta el problema del teatro español del xvi, reconoce la existencia de un movimiento
que va «toward a more or less conscious realization
of what might be called Baroque dramaturgy» [12], pero
ha tenido que confesar que el campo está sustancialmente inexplorado: «The fact is that in trying to an-
swer our question we are trying to elucidate a dimly
perceived formula on the basis of a historical develop-
ment still imperfectly understood» [13].

Precisamente, a la comprensión de este poco conocido fenómeno histórico quieren contribuir estas páginas. Dejando aparte el equívoco de la artificiosa
contraposición entre teatro clásico y teatro popular,
que reduce el primero a mera literatura y el segundo
a espontaneidad natural, equívoco que, a nuestro parecer, ha perjudicado durante largo tiempo la recta
búsqueda, nuestra investigación será conducida desde
el punto de vista de la literatura y no fuera o contra
la literatura. Remitiéndonos a la realidad histórica de
la cultura valenciana del siglo xvi, estudiaremos en
ésta la maduración de una conciencia que opera y cri-
tica, advierte el cambio de las exigencias históricas y
se esfuerza en satisfacerlas, es decir, se realiza dialéc-
ticamente.

Lope de Vega. La obra de Torres Naharro ha tenido su importancia
histórica en la formación de un concepto y de una forma de teatro
español, independiente de la tradición renacentista italiana, pero
es hacer fuerza a la historia concebir que pueda nacer de ella, por
evolución o filiación directa, la comedia barroca.

[12] B. TORRES NAHARRO, *Propalladia...*, cit., IV, pág. 577.
[13] *Ibíd.*, pág. 578.

Se podrá entonces también hablar de teatro *valenciano,* pero no en el sentido de que los autores que lo representan sean originarios de Valencia o de que actúen en antagonismo con los «sevillanos» o los «castellanos», sino porque aquel hecho de cultura tiene como centro a Valencia.

Es por todos sabido que la ciudad mediterránea fue, en el XVI, un centro literario notable, abierto a la influencia italiana, bien por la importancia de su puerto, que la ponía en comunicación con las tierras italianas, dominio antes de Aragón y ahora de la España unificada, bien porque parecía haber heredado, junto con Barcelona, la antigua tradición de las estrechas relaciones entre las culturas italiana y catalana.

Por otra parte, Valencia era además un centro librero de gran importancia, y bastará recordar a este respecto el extenso estudio de Serrano Morales sobre las *Imprentas* de la ciudad [14].

El momento que a nosotros nos interesa más para estudiar el nacimiento en Valencia del teatro como espectáculo público es la mitad del siglo, y nos parece Timoneda la figura más representativa del fenómeno. En él, en efecto, en su doble papel de autor sensible al gusto de la época y de editor particularmente dispuesto a secundarlo, parecen confluir diversas tendencias culturales de la Valencia del XVI, en un momento de crisis en que se tiende a liquidar la cultura de tipo cortés y humanista, y se lanzan las bases para la puesta

---

[14] J. E. SERRANO MORALES, *Reseña histórica en forma de Diccionario de las Imprentas que han existido en Valencia,* Valencia, 1898-99.

en marcha de una cultura diferente, vinculada a nuevas formas de vida moral y social.

Mérimée, que fue el primero en intentar una síntesis crítica de la figura de Timoneda con particular atención a su actividad teatral [15], vio en él esencialmente al librero que se ha transformado luego —fatigosamente— en literato. Pero este severo juicio, difundido hasta nuestros días, y que goza de una mayor o menor aceptación en los manuales, debe, en mi opinión, revisarse, por ser impreciso y contradictorio: no pienso que se pueda considerar al valenciano solamente un *honnête boutiquier,* un *vulgarisateur de profession* o, en el mejor de los casos (es decir, en las *Tres comedias),* un estilista elegante dentro del género popular [16].

Nuestra postura se acerca más a la reivindicación que de él ha hecho Juliá Martínez [17], especialmente por lo que se refiere a la *Turiana* y a los autos, reducidos por la crítica precedente al rango de simples refundiciones de obras ajenas.

En realidad, aquel Timoneda que traduce a Plauto, teniendo bien presentes a Villalobos y a Pérez de Oli-

---

[15] H. Mérimée, *op. cit.,* págs. 128-228.

[16] *Ibíd.,* pág. 169: «Ce style lumineux, qui, indépendentement des faits ou des sentiments qu'il énonce, garde assez de valeur pour avoir son mérite propre.» Para nosotros, es inaceptable el concepto de la validez de un estilo que esté separado de un personal contenido interior.

[17] E. Juliá Martínez, *Originalidad de Timoneda,* en «Revista Valenciana de Filología», V, 1955-58, págs. 91-151. Las ideas fundamentales ya estaban en la introducción a la edición de las *Obras* de Timoneda del mismo crítico («Observaciones preliminares» a las *Obras de Juan Timoneda,* Madrid, 1947-48).

va y al anónimo de Amberes de 1555 [18], se deja guiar
por la evidente preocupación de condensar la acción,
según el gusto del público de su tiempo, es decir, se
esfuerza por hacer «representables» aquellos textos;
y el Timoneda que reelabora, en la narrativa y en el
teatro, textos italianos, para ir al encuentro de una
particular sensibilidad de sus lectores o espectadores,
y que, como editor, está atento a secundar aquellas
iniciativas que se salen del círculo más bien cerrado
de la tradición áulica todavía triunfante en la alta
sociedad de la Valencia de su tiempo, es un hombre
que tiene problemas y los afronta, un hombre que se
da cuenta de que algo ha cambiado y que es preciso,
con nuevas iniciativas, suscitar el interés de un público más vasto.

Este espíritu de inteligente iniciativa, junto con la
originalidad de las soluciones que da, es particularmente evidente en la acción que desarrolla en favor
del teatro: la publicación de las obras de Lope de
Rueda [19] y de Alonso de la Vega [20]; esto, junto con la
elaboración de obras personales, constituye, hacia la
mitad del siglo, la acción cultural más importante para
la constitución de un teatro que fuera original empeño
literario, en correspondencia no con un ideal abstracto

[18] E. JULIÁ MARTÍNEZ, «Introducción» al tomo II de las *Obras
de Juan de Timoneda,* cit., pág. 31.
[19] Véase para una atenta descripción de las primeras ediciones
de Lope de Rueda publicadas por Timoneda: E. COTARELO Y
MORI, «Prólogo y Apéndice» del tomo I de las *Obras de Lope de
Rueda,* Madrid, 1908.
[20] *Las tres famosissimas Comedias del Ilustre poe/ta y gracioso
representante Alon/so de la Vega. Agora nueva/mente sacadas a
luz por / Joan Timoneda* (en el año 1566). Con Privilegio Real por
quatro años / Vendense, en casa de Joan Timoneda.

y libresco de perfección, sino con un principio de ope-
rante y concreta inmediatez expresiva que se resuelve
en la «representabilidad», es decir, en la adecuación
simpática a un vasto círculo de público. El mismo
Mérimée, al menos parcialmente, está dispuesto a reconocer a Timoneda el mérito de esta búsqueda, cuando subraya su interés por un teatro en prosa que fuese
representable [21]. Pero luego no sólo no da valor a la
observación, sino que ésta queda disminuida de importancia, con la consabida interpretación de una su-
puesta popularidad contraria a la dignidad literaria; y
mientras, por una parte, el crítico francés da muestras
de apreciar el «estilo popular» y lo que tenía de nuevo
el alejamiento del teatro cortesano de ambiente culto
y tradicional, por otra, llega casi a negar el valor de
aquel teatro, refiriendo su juicio exclusivamente al
contenido [22]. Como a menudo le ocurre, Mérimée no
consigue refundir los resultados de su erudita investigación en una segura visión histórica; así, no se da
cuenta de la evolución que se estaba desarrollando en
la España del xvi, y en particular en Valencia por su
carácter urbano y comercial, hacia una cultura no cortesana ya, sino abierta también a las clases medias e
incluso interesada en la participación popular.

En Valencia, desde principios del siglo xvi, había
entrado en crisis la tradición literaria en lengua valenciana que, sostenida por un inteligente patriciado

---

[21] H. MÉRIMÉE, *op. cit.*, págs. 186-187.
[22] *Ibíd.*, pág. 188: «Peut être le théâtre n'a-t-il acquis ce regain
de popularité qu'en renonçant à ses plus nobles ambitions. Toutes
les pièces publiées par Timoneda présentent ce trait commun qu'elles manquent d'ideal; elles dépeignent des intérêts, des appetits,
des passions médiocres, tout le côté prosaïque et vulgaire de la vie.»

urbano, tanto desarrollo había tenido en el siglo xv.
A esta tradición le había inferido un golpe decisivo
la unificación del reino de Aragón y Castilla bajo los
Reyes Católicos; posteriormente (1523), la derrota
de las Germanías hizo perder a Valencia también la
eficiente iniciativa de aquella rica burguesía ciudada-
na que salía de la guerra disminuida con relación a la
aristocracia territorial [23]. Triunfaba por entonces en
Valencia el castellano, bien a causa de la influencia
ejercida por la corte del virreinato, de emanación cas-
tellana, bien por razones históricas generales fácilmente identificables: en este momento, la unidad nacional española era ya una realidad, y los mismos intereses mediterráneos no eran sólo catalano-aragoneses,
sino propiamente españoles. Con todo, Valencia se-
guía siendo sustancialmente una ciudad de tráfico:
abierta al mar, era profundamente diferente de las
ciudades del interior, menos atenta, en cierto sentido,
al rigorismo ideológico y social propio de las ciudades
castellanas. Antes bien, precisamente en su ámbito de
ciudad decaída de un antiguo poder y esplendor, encontraba justificación el culto a una vida donde las
fiestas [24] triunfaban más que en ninguna otra parte
y donde se explica que el mismo teatro encontrase
fácil difusión. Sobre las supervivencias del antiguo
espíritu municipal, capaz de acercar entre sí a las clases sociales, se iba insertando con amplitud cada vez
mayor la conciencia de la unidad nacional, sentimien-

---

[23] Acerca de este problema, véase L. PILES ROS, *Aspectos sociales de la Germanía en Valencia,* en «Estudios de historia social de
España», II, 1952.
[24] Véase F. CARRERES Y DE CALATAYUD, *Las fiestas valencianas
y su expresión poética. Siglos XVI-XVII,* Madrid, 1949.

to común a nobles, burgueses y gentes del pueblo, reforzado por el general sentimiento religioso (íntimamente conectado en España con las estructuras éticas y políticas).

Timoneda muestra aceptar con plena conciencia el proceso histórico en vías de desarrollo, adhiriéndose a la nueva unidad lingüística y literaria que se había creado en desarrollo paralelo a la unidad política: tan sólo en dos obras de contenido religioso (*El Castell de Emaús* y *La Esglesia),* y sólo esporádicamente en las profanas, emplea el valenciano. Como autor y editor se dedica a una decidida acción de ensanchamiento de la cultura, adoptando una postura de vanguardia crítica y revisionista ante la cultura de raigambre humanista que aún sobrevivía.

Considérese, por ejemplo, lo que representaba una obra como *La Diana enamorada,* de Gaspar Gil Polo, en la cultura de la época (1564) [25], perfecta manifestación de una literatura de gusto petrarquesco, filtrada a través de las experiencias de Sannazzaro, de Montemayor y del platonismo tan difundido en la España de principios del xvi [26]. Era una aristocrática evasión, es decir, deformación de lo real, en ímpetu y contemplación idealista y en constante tensión lírica.

Por lo demás, la difusión del petrarquismo en la Valencia del tiempo está atestiguada por el amplio cultivo de la poesía lírica que continuaba una tradición antigua. El petrarquismo había ofrecido en Valencia,

[25] Vid. la edición con prólogo y notas de R. Ferreres, Madrid, 1953.
[26] Véase E. MORENO BÁEZ, «El platonismo del Renacimiento», prólogo a la edición de *Los siete libros de la Diana,* de Jorge de Montemayor, Madrid, 1955.

4

con Andreu Febrer, con Jordi de Sant Jordi y con
Ausias March, grandes manifestaciones poéticas en
lengua catalana; más recientemente, se había expre-
sado en castellano con Boscán y Garcilaso, en forma
para todos ineludible. Otra prueba de esto nos la ofrece Gil.Polo, que, en su novela pastoril, inserta el célebre *Canto del Turia* [27], en el cual, por boca del dios
que personifica al río que atraviesa Valencia, loa a los
varones célebres y estraños que viven en la ciudad.
Si ponemos atención en los nombres, nos damos cuenta de que casi todos o son poetas líricos o han culti-
vado la lírica junto con otros géneros literarios. Sin
hacer mención de los autores que no pertenecen a los
años que ahora nos interesan (mediados del siglo XVI)
—si bien vale la pena, ciertamente, hacer notar de pasada que autores como Juan Fernández, Jaime Gazull,
Luis Crespí de Valldaura, Bernardo Fenollar, etc., dan
testimonio de la continuidad en el tiempo de una tradición arraigada, y explican cómo aquel particular
gusto se había constituido sólidamente—, encontramos en la enumeración de Gil Polo a autores perte-
necientes a diferentes clases sociales y dedicados a
diferentes profesiones, pero vinculados por una común afición a la poesía lírica. Recordaremos a Andrés
Martí Pineda, un notario, cuyas obras en valenciano
fueron publicadas por Timoneda; o bien hombres de
armas o políticos como don Pedro Luis Garcerán de
Borja y don Juan de Borja, don Juan Aguilón Romeu
de Codinats, el músico Luis Milán, el matemático

---

[27] Ed. cit., págs. 144-172.

Jaime Juan Falcón, el comerciante y poeta épico Jerónimo Semper.

Por otra parte, el hecho de que esta afición a la poesía lírica, entendida como superior manifestación de elegancia espiritual, perdure durante todo el siglo, explica el nacimiento o auge en Valencia de las academias, verdaderos lugares de reunión de la intelectualidad del tiempo.

Mientras la antigua tradición de los Juegos Florales continuaba en las *justas* poéticas, la más reciente tradición de las reuniones doctas en casa de ciudadanos renombrados [28] tenía su desarrollo en las academias. La más célebre de éstas fue la de *Los Nocturnos,* que duró desde 1591 hasta 1594; más tarde (1600), Carlos Boyl intentó constituir la academia de *Los Adorantes,* sin éxito, y, del mismo modo, en 1616, Guillén de Castro fracasará en la empresa con su academia de *Los Montañeses del Parnaso.* El fracaso de estas últimas iniciativas es prueba de que, al empezar el siglo XVII, el gusto había cambiado ya, pero queda el hecho incontestable de que a la primera academia, la de *Los Nocturnos,* pertenecían precisamente los mayores autores del teatro valenciano, como Rey de Artieda, el canónigo Tárrega, Gaspar de Aguilar y Guillén de Castro, es decir, todos aquellos (excepto Cristóbal de Virués) a los que la crítica ha agrupado hasta ahora en la definición totalizadora de «escuela de Valencia»: aquella que luego sería, para esa crítica, una derivación de la lopesca «popular» y «natural»

---

[28] Sobre las Academias españolas, véase J. SÁNCHEZ, *Academias literarias del Siglo de Oro español,* Madrid, 1961. Para las Academias en Valencia, págs. 220-221.

comedia nueva. Esos poetas demostraron, perteneciendo a la *Academia de Los Nocturnos* —y su producción da de ello firme testimonio—, asimilarse en gran parte a un gusto estrictamente literario, que podía incluso llegar a la práctica de un intenso ejercicio de formas sobre una temática convencional (por no decir frívola) [29].

Así, pues, si bien por una parte la cultura en la segunda mitad del XVI tendía a asumir una orientación no aristocrática ya, debido a su interés por un público más extenso, por otra no rehusaba continuar el idealismo literario tradicional, un poco convencional, un poco formalista, entremezclando las reminiscencias corteses y petrarquistas o en general humanistas, y exasperándolas a menudo en formas ya barrocas, sobre todo, aunque no exclusivamente, en el campo de la lírica.

Claro testimonio de las complejas y también contradictorias condiciones de la cultura valenciana de mitad de siglo es la obra de Luis Milán *El Cortesano* [30], madurada a través de la experiencia vivida por el autor, que había sido cortesano en el palacio de Germaine de Foix [31], donde había desempeñado el ofi-

[29] *Cancionero de los Nocturnos,* ed. por don Pedro Salvá, reimpreso por F. Martí Grajales, Valencia, 1905-12, 4 tomos.
[30] L. MILÁN, *Libro intitulado El Cortesano,* Valencia, 1561; ed. mod. por J. S. R., Madrid, 1874.
[31] Germaine de Foix se había casado con Fernando de Aragón (después de la muerte de Isabel de Castilla); luego, tras quedar viuda en 1516, se había casado en segundas nupcias (1519) con el marqués de Brandeburgo, y en 1523 había sido ratificado el matrimonio por el emperador Carlos V, siendo nombrada Germaine virreina del reino de Valencia, título que conservó incluso cuando, muerto el marqués, se casó en terceras nupcias (1526) con Fernando de Aragón, duque de Calabria.

cio de músico. En la obra se declara expresamente [32] la intención de que circulara entre las damas, en lugar del *Cortesano,* de Castiglione, conocido en España por la traducción de Boscán de 1534; pero el libro, más que una definición idealista de las características y de las calidades del perfecto cortesano, resulta, como bien ha observado Romeu i Figueras [33], «una porta oberta per on irromp joiosament la vida lleugera, despreocupada i àdhuc maldient de la burgesia i de la noblesa valenciana de començaments del segun terç de segle XVI». Sobre un fondo, pues, cortesano, que se complace tanto en los debates verbales entre damas y caballeros como en los juegos y diversiones de tradición medieval, se inserta, poderosa, la fuerza de un ambiente predominantemente ciudadano y burgués, que no cree en los ideales corteses más allá del juego y de la convención palaciegos.

En esta situación cultural, la importancia de Timoneda está en la selección que lleva a cabo en favor de experimentos vitales frente a la declinante costumbre cortesana: así se explica su interés por una literatura religiosa «popular» y edificante, por el *romancero,* por una narrativa de tono anecdótico y estilo familiar y, naturalmente, por el teatro.

Para apreciar adecuadamente la importancia de Timoneda en este campo, será oportuno que nos detengamos a examinar las características del teatro en Valencia anterior a él.

[32] L. MILÁN, *op. cit.* (ed. Madrid, 1874), I, pág. 4.
[33] J. ROMEU I FIGUERAS, *Literatura valenciana en «El Cortesano» de Luis Milán,* en «Revista Valenciana de Filología», I, 1951, páginas 313-339. La cita se encuentra en la página 318.

En la primera mitad del xvi, había tenido un carácter exquisitamente cortesano. Recuérdese el *Coloquio de las damas,* de Juan Fernández de Heredia, que fue representado en 1524 [34] en la corte de Germaine de Foix y del marqués de Brandeburgo. Bastará observar el argumento de la obra para comprender su carácter de típico pasatiempo de corte: *Colloquio en el qual se remeda el uso, trato y platicas que las damas en Valencia acostumbran hazer y tener las visitas que se hazen una a otras. Introduzense cinco galanes y cinco damas de quien andan seruidores, una dueña y una donzella, un capellan y un rey de armas que estando las damas y los galanes en su visita, desafia a los galanes de parte de otros cinco cavalleros: acceptan el desafio y acabase con un torneo.*

En sustancia, la obra no es otra cosa que la trasposición en escena de las costumbres de corte, no sin alguna que otra vivaz o maliciosa indirecta irónica (si bien hoy resulta difícil comprender las alusiones), o la brillante, incontrolada irrupción de personajes y

[34] El *Colloquio en el qual se remeda el uso, trato y platicas que las damas,* etc., se encuentra en el volumen *Las obras / de don Ioan Fer/nandez de Heredia / assi temporales, como espirituales / Dirigidas al illustrissimo señor don / Francisco de Aragon / En Valencia / con gracia y Privilegio por diez años* / 1562. La obra se ha vuelto a imprimir con una breve nota biográfica sobre el autor: *Obras de D. Juan Fernández de Heredia, poeta valenciano del siglo XVI,* por F. Martí Grajales, Valencia, 1913, y recientemente: J. Fernández de Heredia, *Obras,* ed. R. Ferreres, Madrid, 1955. Vid. R. Ferreres, *J. F. de Heredia y su obra,* en «Revista Valenciana de Filología», III, 1953, págs. 7-53, y del mismo autor, el prólogo a la cit. edición. También A. Badía Margarit, *Algunas notas sobre la lengua de J. Fernández de Heredia,* en «Revista de Filología Española», XXVIII, 1944, págs. 177-189, y la reseña de D. Alonso a la ed. cit. de Ferreres en *De los siglos oscuros al de Oro,* Madrid, 1958, págs. 165-182.

modos de la vida «burguesa» y popular, que hace de
contrapunto al rebuscado ritmo de la vida aristocrática; pero, sustancialmente, el interés literario se resuelve en el juego elegante de una sociedad que gusta
de verse literariamente representada.

No tienen carácter distinto los espectáculos que,
en la corte de la misma Germaine de Foix o de su
tercer esposo, el duque de Calabria, organizó entre
1530 y 1538 Luis Milán; sólo que la música y las
danzas tenían particular importancia, dando a todo
el espectáculo un carácter de pantomima, semejante
a las organizadas en Nápoles por Sannazzaro (por
ejemplo, en 1492, con ocasión de la toma de Granada) [35].

Milán, en su *Cortesano,* no nos ha conservado el
texto completo, sino una síntesis de los dos espectáculos. *La farsa de las galeras* representa la aventura
de un grupo de caballeros que, tras haber zarpado de
Rodas, logran alcanzar Valencia; pero en el viaje pier-
den, por obra de los moros, las naves con sus damas.
Los moros se han refugiado en Denia; el capitán cristiano los encuentra y los conduce a Valencia, donde
cada uno de ellos es desafiado por un caballero y ven-
cido. Así, cada caballero recupera a su dama. Se alzan
cantos de amor, y un gran baile final, en el que toman
parte también los moros, cierra la representación.

[35] Para el texto, véase J. SANNAZZARO, *Opere,* ed. A. Mauro,
Bari, 1961, págs. 276 y ss. Sobre el carácter de las farsas del Sannazzaro, véase I. SANESI, *Storia dei generi letterari italiani: la Commedia,* Milano, 1911, I, págs. 157 y ss.; F. TORRACA, *Studi di
storia letteraria napoletana,* Livorno, 1884, y *Aneddoti di storia
letteraria napoletana,* Città di Castello, 1926; B. CROCE, *I teatri
di Napoli dal Rinascimento alla fine del secolo decimottavo,* Bari,
1916.

La montería del Rey de Troya no es más que un pretexto para presentar en forma de parejas en escena los grandes personajes de la leyenda homérica: Troilo y Polixena, Héctor y Andrómaca, Príamo y Hécuba, Corebo y Casandra, Eneas y Creusa, etc. Encontramos aquí un gusto humanista por la evocación clásica con la abundancia del espectáculo: todo sobre el fondo de una música refinada [36]. Lo mismo puede decirse de ciertas «fiestas de mayo» que Milán, tomándolas de modelos italianos, hizo representar en el jardín del palacio real de Valencia, y de las que nos ha conservado un ejemplo en *El Cortesano* [37].

Junto a estas exhibiciones escénicas, que se caracterizan como típicos pasatiempos de corte en la primera mitad del siglo, en Valencia se manifiestan otras orientaciones culturales, entre ellas la búsqueda de una acción dramática, compleja y elaborada literariamente, basada en el gran modelo en prosa de *La Celestina,* y el intento de asumir los modos, propios del teatro italiano cortesano, de Torres Naharro. En 1521 se publica en Valencia un libro que contiene tres obras, y son precisamente la *Comedia llamada Thebayda,* la *Comedia Ypolita* y la *Comedia llamada Seraphina* [38], la primera y la tercera escritas en prosa, con la inserción de algunas poesías; la *Ypolita,* en ver-

---

[36] Para tener una idea, véase L. MILÁN, *Libro de música de vihuela de mano intitulado el Maestro,* Valencia, 1535-36, publicado por L. Schrade, Leipzig, 1927. Existe un buen disco que nos ofrece una breve antología musical sacada de la obra de Milán: L. MILÁN, *Música de vihuela de mano,* Archiv Produktion, 14075, APM.

[37] Véase L. MILÁN, *El Cortesano,* cit., págs. 366 y ss., y H. MÉRIMÉE, *op. cit.,* págs. 67-96.

[38] De la obra, editada por Jorge Costilla (Valencia, 1521), existe un solo ejemplar en el British Museum de Londres (sig. G-11372).

so, a la manera usada por Torres Naharro en su *Propalladia* (1517)[39].

Estas obras no tienen valor como ejemplos de teatro «de acción», pero constituyen un importante precedente literario para la formación del mismo. *La Thebayda*, después de los estudios de María Rosa Lida de Malkiel y de Mac Pheeters[40], que se inclinan a remitirla a los primeros años del siglo y a señalarle un origen andaluz[41], ha sido atribuida por Trotter[42] a los años 1519-1520 con válidas argumentaciones.

Tras la edición valenciana, se hizo una reimpresión en Sevilla en 1546. Timoneda no duda en citarla[43] al lado de *La Celestina* como ejemplo de *comedias* que había que superar, cuando con sus propias *Tres comedias* intente hacer obras en prosa representables: se tratará, en efecto, para él, de dar un nuevo y apropiado valor a la calificación de género «cómico», sustrayéndolo al ambiente demasiado cerrado desde el punto de vista literario de la lectura cortés o de la recitación ante un selecto auditorio.

En efecto, *La Thebayda*, que, según su desconocido autor, pertenece al género cómico por el carácter me-

[39] Para el influjo de Torres Naharro sobre la *Hipólita*, véase H. MÉRIMÉE, *op. cit.*, págs. 113-115.
[40] M. R. LIDA DE MALKIEL, *Para la fecha de la Comedia Thebayda*, en «Romance Philology», VI, 1952, págs. 45-48; D. W. MAC PHEETERS, *Comments on the Dating of the Comedia Thebayda*, en «Romance Philology», IX, 1955, págs. 19-23.
[41] Acerca de este particular, véase FUENSANTA DEL VALLE (Marqués de), *Thebayda y Seraphina*, Madrid, 1894, prólogo, pág. VII, y M. MENÉNDEZ PELAYO, *Orígenes de la novela*, Madrid, 1910, III, págs. CLXXVIII-CLXXX.
[42] G. D. TROTTER, *The Date of the Comedia Thebayda*, en «Modern Language Review», LX, 1965, págs. 386-390.
[43] Véase el *Prólogo a los lectores* de Timoneda en las *Tres comedias*, que aquí reproduzco en la página 73.

dio de su contenido —pues no trata de reyes y de
grandes señores— y por el final feliz tras la peripecia,
en obsequio de la tradición retórica medieval, urde
una trama novelesca en la que el hijo del duque de
Tebas, don Berintho, venido a España para servir al
rey, se enamora de una noble joven, Cantaflua; los
dos jóvenes son atormentados durante tres años por
la lucha entre su pasión y el escrúpulo moral que los
inhibe, hasta que, mediante la intervención de una
mujer «discreta», se casan en secreto, resolviéndose
felizmente todo con la aprobación del casamiento por
parte de los padres, que han llegado al conocimiento
de los hechos.

Es, pues, una comedia para ser leída y basada en
el diálogo (este último empleado como un medio particularmente adecuado a la inmediata realización expresiva de la acción y apto para reflejar los matices
psicológicos de los protagonistas), que obedece, en
suma, a un bien preciso modelo literario, el de *La
Celestina,* aunque resulte infinitamente inferior en
cuanto a valor estético [44]. Sobreabundan los elementos cultos, los temas polémicos e intelectualistas de
carácter predominantemente discursivo-narrativo, que
se alternan con los paréntesis líricos de los *romances*
o la inserción de cartas compuestas retóricamente, siguiendo una tradición propia de la literatura cortés
del xv. Todo esto se combina con un diálogo que es
vivaz conversación cortesana, y en el cual se exalta,

[44] Para la interpretación de *La Celestina* como comedia destinada
a la lectura, véase M. BATAILLON, *La Célestine selon Fernando de
Rojas,* Paris, 1961, particularmente las páginas 80-107.

como bien observó la señora Lida de Malkiel [45], el lenguaje sutil de los enamorados, pero se representa con vivo interés también el mundo de los siervos, especialmente en la figura del *rufián.*

En suma, una serie de elementos mal conectados, pero capaces de despertar curiosidad e interés, y que, a más de treinta años de distancia, suscitaban la atención de Timoneda, si bien él se daba cuenta de que debían ser ofrecidos de otro modo al público, en una versión literaria que estuviese por completo desligada de los residuos de la tradición cortés; no una recitación para pocos, sino un espectáculo para muchos.

No muy distintas consideraciones se podrán hacer a propósito de *La Seraphina,* toda ella escrita en prosa, como *La Thebayda,* y también evidentemente derivada de *La Celestina:* la historia de una joven que, casada con un hombre impotente, cede al amor de un cortejador, el cual logra penetrar en su casa con la ayuda de un siervo; éste, a su vez, había conseguido vencer antes la en apariencia severa custodia de la madrastra de Seraphina. También aquí nos hallamos en presencia de una intriga típicamente novelesca que acentúa los tonos eróticos y las situaciones escabrosas.

Más interesante es, en cambio, la *Comedia Ypolita* [46] por estar escrita en versos de pie quebrado, y escénicamente dispuesta y organizada para la representación. Evidentemente, el autor se ha inspirado en Torres Naharro, tanto por el empleo del metro como por la división en cinco actos, pero no ha sabido

[45] M. R. LIDA DE MALKIEL, *Para la fecha,* cit., pág. 48.
[46] Existe una edición crítica de la *Ypolita: Comedia Ypolita,* ed. Ph. E. Douglass, Philadelphia, 1929.

en absoluto transformar la historia, derivada de *La Celestina,* en acción dramática.

Obsérvese la exposición del argumento que precede a la obra: *Ypolito, cauvallero mancebo de illustre y antigua generacion, natural del reyno de la Celtiberia, que al presente se llama Aragon, se enamoró en demasiada manera de una donzella llamada Florinda, huerfana de padre, natural de la provincia antiguamente nombrada Betica, que al presente se llama Andaluzia, y poniendo Ypolito por intercessor a un page suyo llamado Solento, estoruaua cuanto podia porque Florinda no cumpliesse la voluntad de Ypolito. Pero ella compelida de la gran fuerza de amor que a la contina la atormentaua, concedió en lo que Ypolito con tanto ahinco le importunaua, y assi ouieron complido efecto sus enamorados desseos. Intercediendo ansi mismo en el proceso Solisico, page de Florinda y discreto más que su tierna edad requeria y Jacinto, criado de Ypolito malino de condicion, repunó siempre y Carpento, criado ansi mismo de Ypolito, hombre arrofianado, por complazer a Ypolito, no solamente la parecian bien los amores, pero era deuoto que el negocio se pusiesse a las manos y assi todas las cosas ouieron alegres fines, vistiendo Ypolito a todos sus criados de brocado y sedas por el plazer que tenia en asi auer Florinda, donzella nacida de yllustre familia, concedido en su voluntad seyendo la más discreta y hermosa y dotada en todo genero de virtud que ninguna donzella de su tiempo.*

La acción es pobre, los personajes se extienden en largas peroratas atestadas de citas clásicas, el mismo elemento lírico que, a veces, se deja asomar en los monólogos, con la intención de darles más vida, es escaso e insulso.

Es interesante, por consiguiente, la *Ypolita,* como intento de reducir a una breve acción escénica el tema celestinesco, pero es una obra estéticamente y teatralmente frustrada.

No se tiene noticia de la representación de la *Ypolita* y también carecemos de datos ciertos acerca de la *Égloga pastoril,* publicada por Kohler y atribuida al año 1519 [47]. Mérimée [48] sostiene que esta égloga deriva de Juan del Encina, mientras que Juliá Martínez [49] opina que en ella predominan motivos realistas y alusiones históricas concretas, los cuales probarían su origen valenciano; señala también su apartamiento del tema amoroso, fundamental en Encina. Las cuestiones eróticas ocuparían sólo incidentalmente al autor, que ha dedicado, en cambio, su interés a los acontecimientos dolorosos de su ciudad, en aquel tiempo bajo la peste y amenazada por los moros [50]. A nuestro parecer, la égloga es testimonio de

---

[47] Se encuentra en E. Kohler, *Sieben spanische dramatische Eklogen,* Dresden, 1911.
[48] H. Mérimée, *op. cit.,* pág. 109.
[49] E. Juliá Martínez, *Poetas dramáticos valencianos,* cit., I, págs. XI-XII.
[50] He aquí el *argumento* antepuesto a la *Égloga:*
Se introduzen cinco pastores; y el uno es encantador y el vicario del lugar, el qual es llamado para que haga fe de un casamiento; y el razonamiento d'ellos es la mayor parte de las cosas que se han seguido en Valencia de huyr de las gentes y del tornar; y de las justas de los moros, y como nuestra Señora y Sant Vicente Ferrer nos han guardado de perecer, y como un pastor vio a unas señoras nobles, que estando retraydas por las muertes en un lugar, se yvan a ver las fuentes y las huertas; y aquel pastor dize que deven de yr a buscar leña para ganar la vida; y otro pastor le responde y le dize en cierta manera los nombres de aquellas señoras, en las quales avia nombres de Ana, Isabel y María; y a la mezcla desto también

una compleja y fatigosa empresa literaria, y no puede
ni ser explicada como una pura y simple derivación
de Juan del Encina ni ser sobrevalorada por su originalidad. El autor es persona culta, y va elaborando
una composición en estrecho contacto con una serie
de preceptos literarios, sin excluir algún que otro enlace con una tradición catalana del siglo xv, de la que
tenemos alguna noticia [51], y no sin eco de una tradición narrativa local a menudo dialogada (ej., *Tirant
lo Blanch*).

Por otra parte, Encina está, con todo, presente, y
está presente también Jorge Manrique, el cual es casi
parafraseado allí donde el poeta se dilata cantando la
triste condición de la ciudad abandonada en contraste
con el anterior lujo y fastuosidad (vs. 156-170); hay
aquí huellas de la narrativa italiana de los cuentos (el
motivo, por ejemplo, del *encantador*); hay, en suma,
el esfuerzo por organizar una materia variada (crónica
local, sentimiento lírico del dolor antes, y luego de la
alegría, una vez salvado el peligro, intriga amorosa,
acción mágica) en una composición dramática, sobre
la base de un fondo bucólico, al gusto humanista.

Es fácil, por lo demás, encontrar relaciones entre
esta égloga y la que aparece en la *Cuestión de amor,*
publicada en Valencia en 1513 [52], obra que es indu-

---

de las passiones que los pastores suelen tener y ansias de las yervas
y del ganado; y como al fin un pastor que quería morir por amores
de Ximena de Hontorio, y el encantador le sanó con sus puntos y
encantos y hizo que ella penasse de amores d'él; y a la fin un
villancico.

[51] Véase J. Rubió, *Sobre el primer teatre valenciá,* en «Boletín
de la Sociedad castellonense de Cultura», XXV, 1949, págs. 367 y
siguientes.

[52] *Question de amor de dos enamorados,* etc., Valencia, 1513;

dablemente fruto del directo intercambio cultural entre Valencia y el ambiente napolitano. La égloga tiene un carácter más cortés, y se encuentra perfectamente en su lugar en un libro que podemos considerar como epígono de la *novela sentimental* del xv, en el cual hay innumerables y convencionales referencias a todo tipo de literatura y donde se encuentran incluso mezcladas la historia y la novela. Si no fuera porque esta égloga se mantiene en el plano de una placentera divagación de salón sobre un tema amoroso, y reproduce en versos lo que ya había sido narrado en el libro, en un capítulo anterior, la égloga de 1519 revela mayor libertad respecto a la convención pastoril y también una mayor soltura en la versificación.

Otro ejemplo de la confluencia de varios motivos literarios en la constitución de una obra dramática es la *Farça a manera de tragedia,* publicada en Valencia en 1537 (de la que existe sólo un ejemplar en el British Museum de Londres) y editada por H. A. Rennert [53]. Para Mérimée, la obra deja ver la influencia

ed. mod. en M. Menéndez Pelayo, *Orígenes de la novela,* Madrid, 1931, II, págs. 49-120:

> *Al uno era muerta su amiga: el otro sirve sin esperança de galardón. Disputan quel de los dos sufre mayor pena. Entrexerense en esta controversia muchas cartas y enamorados razonamientos. Introduzense mas una caça, un juego de cañas. Una egloga. Ciertas justas et muchos cavallos et damas con diversos et ricos atavios: con letras e invenciones. Concluye con la salida del señor Visorey de Napoles donde los dos enamorados al presente se hallavan: para socorrer al sancto padre. Donde se cuenta el numero de aquel lucido exercito y la contraria fortuna de Ravena. La mayor parte de la obra es hystoria verdadera.*

[53] El ejemplar del British Museum de Londres lleva la signatura G-11025, y tiene el siguiente encabezamiento:

> *Farça a manera de Tragedia como passo de hecho en amores de un cavallero y una dama. Introduzense estas personas: un pastor llamado Torcato, que es el dicho cavallero: otro pastor que se dize*

superficial de Juan del Encina, la aún más fuerte de
Torres Naharro [54], y hasta rivalizaría con la *Comedia
Himenea*. También Juliá Martínez está de acuerdo [55]
en poner de relieve esta influencia, además de la de
La Celestina; constituye, ciertamente, el intento de
organizar una acción dramática partiendo de una serie
de elementos de diverso origen, y tiene en común con
la égloga de 1519 la preocupación por su representabilidad.

La división en cinco actos puede hacerse remontar
fácilmente a Torres Naharro y al teatro italiano, pero
aquí obedece, sobre todo, a una hábil distribución de
la materia en función escénico-dramática. Más nuevos
y variados por las notas cómicas son los actos internos; más lírico el primero e insistente en el tono trágico el último, sobre todo en los dos monólogos de
Torcato y Liria antes de darse muerte.

De notable interés es el personaje de Gazardo, un
bobo, ya, en el verdadero sentido de la palabra, que
no está relegado a una función de contorno o contrapunto, sino que está allí insertado como protagonista,

---

*Roseno, que era su amigo: vna pastora llamada Liria, que es la
dama: vn pastor llamado Gazardo, que era su esposo: un clerigo
llamado Carlino, hermano de Liria: vna llabradora llamada Frosina,
y su marido llamado Toral, tio de Gazardo: y vna hija suya llamada
Ferida. Entra un pastor con el argumento, como quien viene de
camino. MDXXXVII.*
La edición de H. A. Rennert se encuentra en la «Revue Hispanique», XXV, 1911, págs. 283-316, pero faltan 157 versos a partir
del verso 1289, por un error de transcripción del original, como
observó H. Mérimé, *op. cit.,* pág. 669. El mismo Rennert publicó
una edición revisada y completa (*Farça a manera de tragedia,* Valladolid, 1914).
   [54] H. Mérimée, *op. cit.,* pág. 125.
   [55] E. Juliá Martínez, *Poetas dramáticos valencianos,* cit., I,
pág. XVIII.

y que, en su absurda insensibilidad moral y estupidez humana, llega a tener algo de grotesco.

Pero lo que sobre todo llama la atención en esta obra y constituye, a nuestro parecer, su mayor valor —no observado hasta ahora por la crítica— es la capacidad expresiva del autor, que está atento a los matices psicológicos y que, de cuando en cuando, hace hablar a sus personajes ora con un lenguaje cómico, ora más delicadamente refinado y sentimental, ora (Carlino) sutilmente lúcido y mordaz, adecuado, en suma, al carácter y a la situación.

Por otra parte, nótese que también en la *Farça* se está lejos de intereses de tipo cortés, y sólo en apariencia los personajes conservan el carácter pastoril tradicional, mientras en sustancia expresan sentimientos humanos comunes, y el interés del autor se concentra sobre su manifestación verosímil y humanamente aceptable.

No tenemos noticias acerca de la representación de esta obra, que fue quizá también, como las anteriores, representada solamente en el salón de la corte o de un palacio señorial. Con todo, es un hecho que denota la existencia de intereses humanos más vastos y menos específicos que los que habían caracterizado hasta entonces a las *églogas* y a las *farças* corteses, y se convierte, por tanto, en un precioso testimonio del proceso evolutivo de la cultura teatral en Valencia.

Pero, llegados a este punto, debemos tomar en consideración otros dos factores de gran importancia para comprender la ulterior evolución de la cultura teatral valenciana, uno y otro estrechamente conectados con la cultura italiana. Me refiero a la agudización, por

5

66 RINALDO FROLDI

una parte, de la problemática en torno al teatro, que
había tenido su principio en la aportación de los autores italianos de la primera parte del XVI y de los teóricos que introducen la casuística aristotélica, y por
la otra, a la influencia directa de los cómicos italianos
que comienzan sus actividades en España.

De que estos hechos sean una realidad concreta
nadie duda, empezando por los más importantes estudiosos del teatro valenciano, tantas veces citados,
Mérimée y Juliá Martínez. Por lo demás, faltan nu-
merosas pruebas directas, si bien las pocas que poseemos bastan, sin embargo, para autorizarnos a aceptar
como indiscutible la realidad de aquellos hechos.

El texto más importante de los que desarrollan en
España la doctrina clasicizante de aquel teatro, que se
había formado siguiendo las huellas de la que en Italia operaba desde principios del XVI (piénsese en las
comedias de Ariosto y en los intentos trágicos de Trissino o de Speroni, obras todas que nacen de una autén-
ticamente preocupada intención de dotar a la literatura vulgar de un «género» que le faltaba, teniendo
siempre a la antigüedad como modelo), es el del Pinciano (1596) [56], es decir, una obra del final del siglo
que revela a cada paso el contacto con la doctrina italiana de Vida, Castelvetro, Scaligero, etc.; pero que
debemos también considerar como el resultado último
de un proceso de asimilación de las doctrinas clasicis-
tas iniciado en España desde el final del XV, aunque
los primeros autores de tratados de poética y retórica
(Nebrija, J. Luis Vives, Fox Morcillo, García Mata-

[56] A. LÓPEZ (El Pinciano), *Philosophía antigua poética,* Madrid,
1596.

moros, Arias Montano, El Brocense) muestran, en general, desprecio por los textos vulgares y se preocupan sólo de estudiar los modelos de la antigüedad clásica.

Por lo que respecta a Valencia, poseemos algunas noticias significativas; ya en 1499, la cátedra de poesía y elocuencia en el *Studi general* estaba ocupada por el italiano Giovanni Partheni [57], y, posteriormente, la corte de Germaine de Foix, sobre todo después de su matrimonio con Fernando de Aragón, duque de Calabria, había acogido a hombres de cultura italianos, y el duque había hecho trasladar muchos libros a Valencia desde la biblioteca de Nápoles [58]. Los estudios de retórica debieron de ser intensos, ya que en 1552 se publicaba en Valencia un compendio para uso práctico de las *Institutiones Oratoriae,* de Andomaro Taleo [59], obra del valenciano Pedro Juan Núñez, a quien sabemos también autor de comentarios a la *Retórica* y a la *Poética* de Aristóteles [60].

En el *Studi general,* además, los estudiantes que seguían el curso de latín tenían por costumbre representar, en determinadas solemnidades, comedias en lengua latina bajo la guía de su profesor [61]. Así, desde 1521 hasta 1584, tal cargo fue desempeñado por Juan Angel Conçalbez, de quien nos ha quedado testimonio

[57] H. MÉRIMÉE, *op. cit.,* pág. 85.
[58] *Ibíd.,* pág. 87.
[59] *Institutiones Oratoriae collectae methodicos ex Institutionibus Andomari Talaei, authore Petro Joanne Numesio Valentino,* Valentiae, 1552.
[60] Véase M. MENÉNDEZ PELAYO, *Historia de las ideas estéticas,* en O. C., cit., II, pág. 175.
[61] Véase H. MÉRIMÉE, *op. cit.,* pág. 248.

de que dirigió el espectáculo de una comedia de Plauto y de otra sacada de los *Coloquios* de Erasmo [62].

Tenemos además, y es muy importante para nosotros por estar dirigida en gran parte al teatro, la
obra de Lorenzo Palmyreno [63]. Era éste un humanista
originario de Alcañiz y profesor en Valencia, primero
de griego y después de retórica, desde 1562 aproxi-
madamente hasta su muerte, que tuvo lugar hacia
1579-80. En su obra principal, *Rhetorica,* publicada
en Valencia en 1567 [64], inserta fragmentos de sus comedias *(Lobenia, Sigonia, Octavia),* de las que sabemos que la primera fue representada en Valencia el
13 de enero de 1546 y las otras sucesivamente (y naturalmente antes que él las insertase en gran parte en
su *Rhetorica).*

Mérimée ha demostrado [65] el carácter escolástico de
tales composiciones en latín, donde el castellano o el
valenciano entran sólo alguna vez para traducir o explicar una expresión latina que el autor teme no vaya
a ser comprendida por su auditorio. Los modelos son
Plauto y Terencio, seguidos con libre *contaminatio;*
en cuanto a las reglas clásicas, están seguidas con un
cierto escrúpulo, pero sin pedantería.

Es, sin embargo, significativo el hecho de que, re-
emprendiendo la actividad teatral tras algún año de

---

[62] *Ibíd.,* pág. 246.
[63] Véase sobre Palmyreno H. Mérimée, *op. cit.,* págs. 250 y ss.
[64] *Tertia et ultima pars Rhetoricae Laurentii Palmyreni, in qua de
memoria et actione disputatur. Ad illustrissimum dominum D. Pe-
trum Volscium serenissimi Regis Poloniae legatum dignissimum in
Hispania,* Valentiae, 1566. (Se conserva en la Biblioteca Nacional
de Madrid en dos ejemplares: R-15643 y R-15923.)
[65] H. Mérimée, *op. cit.,* pág. 264.

silencio, Palmyreno [66] escribiera la *Fabella Aenaria* (1574), una obra donde el castellano predomina netamente y en la que él mismo declara no haberse atenido a las leyes de la comedia terenciana para imitar las *farsas hispánicas,* y esto con el fin de complacer al vulgo, o sea a su público: los estudiantes de la Universidad, que tanto entusiasmo muestran tener por los espectáculos públicos, hasta el punto de abandonar las clases y emplear en ello tanta parte de su dinero [67].

Si observamos bien, tenemos *ante litteram,* en apoyo del drama español, un argumento que será característico en la defensa que Lope hace de la comedia: el deseo de complacer al público, el cual, a fin de cuentas, representa la conciencia de lo que es válido o no en el gusto de la propia época, concebir el arte no en una estática y abstracta perfección típica, sino en su capacidad de corresponder a la vitalidad humana.

En el ámbito de la que debió de ser la animada discusión en torno al teatro y a sus reglas y que debió de ser más extensa de lo que dejan entrever los testimonios que nos ha sido posible recoger, la gran concesión de Palmyreno, es decir, de un humanista y rétor universitario, es tanto más significativa, y da testimonio de que en 1574, en Valencia, en la Universidad, precisamente en el ambiente que es siempre el más académico, la conciencia de la nueva realidad artístico-literaria había entrado de forma inevitable.

En cuanto al otro aspecto que hemos indicado como muy importante para comprender la evolución del teatro español, es decir, la aportación directa de los có-

---

[66] *Ibíd.,* pág. 262.
[67] *Ibíd.,* pág. 271.

micos italianos, debemos igualmente señalar que son escasos los documentos históricamente seguros que se hallan a nuestro alcance, pero, con todo, resultan suficientes para presumir que también este elemento tuvo importancia.

Está documentada la presencia de cómicos italianos en Sevilla en 1538 [68] y la representación de una comedia italiana de Ariosto en 1548 en Valladolid [69], también la representación, entre 1556 y 1559, en la corte de Felipe II, de comedias italianas por parte de Antonio Vignali, un miembro de la *Accademia degli Intronati* de Siena [70]; sabemos además que, con una pragmática de 1534, Carlos V impuso a los comediantes (y la misma palabra revela el origen italiano) [71] vestir de modo que fuesen fácilmente identificables. Este documento prueba que el comienzo de la actuación de compañías regulares y transeúntes de cómicos debió producirse por aquellos años, y que aquel tipo de vida, precisamente por ser nuevo, debió despertar considerables sospechas. Hay más: nos parece lícito atribuir el hecho de que las protestas fuesen tan agu-

[68] J. SÁNCHEZ ARJONA, *El teatro en Sevilla en los siglos XVI y XVII,* Madrid, 1887, pág. 43. Para el texto del documento que atestigua la presencia en Sevilla del cómico italiano Muzio, véase C. VIAN, *Il teatro «chico» spagnolo,* Milano-Varese, 1957, pág. 39, nota 23.

[69] A este respecto, véase E. COTARELO Y MORI, «Prólogo» a las *Obras de Lope de Rueda,* cit., pág. XIV, que toma la noticia de *El felicísimo viaje del muy alto y muy Poderoso Principe don Phelippe... desde España a sus tierras de la baxa Alemania... escrito en quatro libros por Iuan Cristoual Caluete de Estrella.* En Anvers en casa de Martín Nucio, Año de MDLII, fol. 2.

[70] H. A. RENNERT, *The Spanish Stage in the time of Lope de Vega,* New York, 1909, pág. 22.

[71] J. P. W. CRAWFORD, *Spanish Drama before Lope de Vega,* Philadelphia, 1937, pág. 119.

das como para dar lugar a medidas especiales, a que el acrecentamiento de la desconfianza estuviese provocado por la circunstancia de que aquella costumbre había sido importada por extranjeros.

La llegada de estas compañías de cómicos suscitó mucho entusiasmo y creó seguidores entre los españoles. El primero de los cuales fue probablemente el sevillano Lope de Rueda, que luego será celebrado por Cervantes, Lope de Vega, Juan de la Cueva, Agustín de Rojas y Juan Rufo, como el iniciador de la *comedia* española. Se fueron también traduciendo textos de cómicos italianos, y de ellos nos ha quedado alguna noticia. Sabemos, por ejemplo, que el índice de los libros prohibidos de 1559 condenaba las traducciones españolas de obras [72] como *Il Sergio,* de Ludovico Fenarolo, de 1550, y *La Ramnusia,* de Aurelio Schioppi, traducida al español del bergamasco, asimismo en 1550 [73].

El repertorio de los cómicos italianos debía de comprender, por tanto, obras de preciso carácter y valor literario y obras más propiamente «d'arte», es decir, confiadas a la habilidad de la casi improvisación de los actores. Y esto está probado por la misma producción de Lope de Rueda, que, primer gran discípulo de los italianos, tiene una producción variada. En las obras de mayor envergadura es clara su procedencia italiana [74], mientras que en los célebres *pasos,*

[72] Véase E. COTARELO Y MORI, *Catálogo de obras dramáticas impresas, pero no conocidas hasta el presente,* Madrid, 1902.
[73] Véase E. COTARELO Y MORI, *Catálogo...,* cit., pág. 15, donde precisa que *Il Sergio* fue publicado en 1550 y en 1568 en Venecia y la *Ramnusia,* en dialecto bergamasco, en Venecia el año 1531.
[74] Para la influencia del teatro italiano sobre Lope de Rueda,

Lope es más original y muestra mayor interés en los efectos escénicos y en los golpes de gracia de fácil comunicabilidad.

Cierto es que Lope de Rueda, ya en 1554, debió de haber formado una compañía propia [75], dando quizá alguna representación en Valencia en los años sucesivos; ciertamente allí residió en 1559 y en 1560, allí contrajo matrimonio [76] y por aquellos años desarrolló una gran actividad organizando espectáculos, como lo prueban las frecuentes alusiones que a él están dirigidas en *El Cortesano,* de Luis Milán (editado como sabemos en 1561), donde se le recuerda como *farsante* por antonomasia.

Por estos años debió de tener lugar su encuentro con Timoneda, que, en 1559, publica sus *Tres comedias* [77]; Valencia inicia también por entonces su gran actividad teatral, atestiguada entre otras cosas por el hecho de que, en aquellos años, una calle de la ciudad debió de adoptar el nombre de *Carrer de les Comedies,* según el testimonio de Orellana [78] en 1566, probablemente porque allí, en alguna posada (el *Hostal*

véase A. L. STIEFEL, *Lope de Rueda und das Italianische Lustspiel,* en «Zeitschrift für Romanische Philologie», XV, 1891, págs. 189-216, 318-343.

[75] Véase E. COTARELO Y MORI, «Prólogo» a las *Obras de Lope de Rueda,* cit., pág. XV.

[76] *Ibíd.,* págs. XVII-XVIII. Véase también F. CARRERES Y DE CALATAYUD, *Lope de Rueda y Valencia,* en «Anales del Centro de Cultura Valenciana», VII, 1946, págs. 128-138.

[77] *Las tres Comedias del fa/cũdissimo Poeta Juan Timoneda / dedicadas al Illustre Senor don Ximē/Perez de Calatayud y Villaragut* etc., Valencia, Año 1559.

[78] Véase M. A. ORELLANA, *Valencia antigua y moderna,* Valencia, 1923, I, pág. 436; II, pág. 353. Véase también L. LAMARCA, *El Teatro de Valencia desde su origen hasta nuestros días,* Valencia, 1840, pág. 15.

del Gamell quizá)[79] o en un local a propósito, se daban los espectáculos públicos.

Al llegar a Valencia Lope de Rueda, encontraba un ambiente particularmente apto para acogerlo y hallaba en Timoneda un apasionado experimentador, un hombre inteligente que se había dado cuenta de que la comedia ya no podía tener su campo de acción exclusivamente en el plano literario de la narrativa dialogada o de las convenciones pastoriles, con versos demasiado uniformemente líricos como para poder representar una complejidad de acción verosímil que agradara al público, y había ensayado por eso el experimento de las *Tres comedias* en prosa, poniendo todo su empeño en el logro de su representabilidad. En efecto, así dice él en el «Prólogo» a las *Tres comedias:*

Quan apazible sea el estilo comico para leer puesto en prosa y quan propio para pintar los vicios y las virtudes (amados lectores) bien lo supo el que compuso los amores de Calisto y Melibea y el otro que hizo la Tebaida. Pero faltauales a estas obras para ser consumadas poderse representar como las que hizo Bartholome de Torres y otros en metro. Considerando yo esto, quise hazer comedias en prosa, de tal manera que fuessen breves y representables: y hechas como, paresciessen muy bien assi a los representantes como a los auditores, rogaronme muy encarescidamente que las imprimiesse, porque todos gozassen de obras tan

[79] H. MÉRIMÉE, *Spectacles et comédiens à Valencia,* Toulouse, 1913, pág. 19. Véase también R. GAYANO LLUCH, *L'Hostal del Gamell,* en «Anales del Centro de Cultura Valenciana», V, 1943, págs. 141-142.

sentenciosas, dulces y regozijadas. Fue tanta la impor-
tunacion que no pudiendo hazer otra cosa, he sacado
por agora entretanto que otras se hazen estas tres a
luz, es a saber: la Comedia de Amphitrion, la de los
Menemnos y la Carmelia y pues esto yo lo hago por
el fin que tengo dicho, creo que todos lo aprovaran
por bueno y sino la intencion me salva. Valete.

En efecto, en sus comedias, Timoneda no hace más
que elaborar, sobre traducciones españolas de Plauto [80] en las dos primeras comedias (*Amphitrion* y *Me-*
nemnos) o sobre otro material literario de diversa
procedencia en la *Carmelia,* una acción dramática que
él acerca lo más posible al gusto del público [81]. Se evi-
tan los largos monólogos, se trata de reducir la narra-
ción en favor de la acción, la atención se concentra en
la intriga, adquiere importancia el *simple,* se introduce
un consciente anacronismo en las costumbres y se
hacen alusiones a localidades españolas [82] y a acontecimientos recientes [83], pero sobre todo tiene aquí su
comienzo el empleo de un lenguaje vivazmente inmediato y comunicativo, que se asimilaba a la lengua
hablada.

La crítica, que hasta ahora no ha visto en Timoneda más que al librero, burdo amañador de textos aje-
nos, ha caído así en un grave error, porque ha enjui-
ciado su producción partiendo de la confrontación
con los modelos áulicos o con lo que será la comedia

[80] Véase *supra,* págs. 45-46.
[81] H. Mérimée, *L'art dramatique,* cit., págs. 150 y ss.
[82] E. Juliá Martínez, «Observaciones preliminares» al tomo II
de las *Obras de Juan de Timoneda,* cit., pág. XXXIV; en los *Me-*
nemnos y en la *Carmelia,* la acción se desarrolla en Valencia.
[83] Sobre esto véase también H. Mérimée, cit., pág. 153.

del siglo XVII. Es decir, no ha sabido acercarse a Timoneda con criterio histórico y en relación con sus intenciones, consistentes por entonces en la voluntad de realizar un tipo diferente de literatura, que debía encontrar en el contacto directo con el público su razón de ser y su límite. Evidentemente, Timoneda no hacía más que lo que contemporáneamente hacía Lope de Rueda, el cual, partiendo de los modelos italianos, conocidos directamente gracias a los «commedianti», con los que había entrado en contacto en Sevilla o en algún otro sitio o a través de la lectura, tenía entre manos la elaboración de algo original, no tanto en el contenido o en la invención como en el lenguaje, es decir, en la expresión.

Timoneda, que sintió (entre los primeros en la Valencia de aquel tiempo) la exigencia de este teatro *nuevo,* y al cual su profesión de editor confería una particular posibilidad de ser difusor de un gusto literario, entabló amistad con Lope de Rueda y también con su discípulo, asimismo sevillano, Alonso de la Vega, que por aquellos mismos años se encontraba en Valencia y hacía allí representar sus comedias.

Se formó así en torno a Timoneda un círculo de innovadores, en el que las discusiones debieron de ser frecuentes y los intercambios culturales significativos, también porque la condición de librero de Timoneda debía de favorecer el contacto con toda la clase intelectual de la Valencia del tiempo y con cuantos hombres de cultura se encontrasen de paso por la ciudad del Turia. Es aquí, por consiguiente, donde nace una nueva poética (es decir, la conciencia crítica de lo que el teatro representado exige), al mismo tiempo que se constituye de un modo plenamente consciente una tradición teatral decididamente vinculada a la literatura. El «Prólogo» de Timoneda a sus *Tres comedias* es bastante representativo a tal respecto, y su actividad de editor de obras teatrales, «porque todos representantes y auditores gozassen de ellas», lo es aún más. En 1564, Timoneda publica su *Turiana* [84]; en 1566, las *Comedias* de Alonso de la Vega [85]; en 1567 publica, de Lope de Rueda, el *Deleitoso* [86] y las *Cuatro comedias y dos coloquios pastoriles* [87] (sin contar los *Dos diálogos pastoriles* de Juan de Vergara) [88]; en 1570 publica el *Registro de representantes,* con *pasos,*

---

[84] Tvriana / *En la qual se contienen di/uersas Comedias y Farças muy elegantes y graciosas con / muchos entremeses, y passos apazibles: agora nueuamente / sacadas a luz por Ioan Diamonte. Dirigida al muy / Illustre señor don Ioan de Villarrosa, Gouerna/dor y teniente de Visorrey y Capitan ge/neral del reyno de Valencia, mi señor.* Impressa en Valencia en casa de Ioan Mey / con licencia del sancto Officio. / priuilegio Real por quatro años.
Las obras que componen la colección llevan la fecha de 1564 unas y otras de 1565.
[85] Véase la nota 83.
[86] El Deleitoso. / *Compendio lla/mado el Deley/toso, en el qual se contienen muchos passos graciosos del excellen/te Poeta y gracioso representante Lope / de Rueda, para poner en principios / y entremedias de Colloquios, y / Comedias. / Recopilados por Ioan Timoneda.* Impressos con licencia y Priuilegio / Real por quatro años. 1567. Vēdense en casa de Ioā Timoneda.
[87] *Las quatro come/dias y dos Coloquios pastoriles del ex/cellente poeta, y gracio/so repre/sentante Lope de Rueda. / Diri/gidas por Ioan Timoneda al Illustre / Señor don Martin de Bar/daxin, a / quiē vida y salud dessea, como / menor criado.* Impressas con licencia y priuilegio real / por quatro anos. / Vendense en casa de Ioan Timoneda.
La fecha de 1567 se deduce de los encabezamientos puestos al frente de cada una de las obras de la colección.
[88] No hay vestigio de esta obra. Véase al respecto cuanto sobre esto escribe A. C. la Barrera, *Catálogo bibliográfico y biográfico del Teatro antiguo español,* Madrid, 1860, pág. 474.

preferentemente, de Lope de Rueda [89] (dejando aparte sus propias obras teatrales de contenido religioso, que son el *Ternario espiritual* y los *Ternarios sacramentales,* de 1558 y 1575 [90], respectivamente).

En la recopilación titulada *Turiana* (1564), Timoneda abandona la prosa y adopta el metro, donde, sin embargo, no lleva a cabo ninguna innovación porque se sirve de lo que ya Torres Naharro había hecho uso; en efecto, sólo en dos obras, que son las de contenido más serio, la *Tragicomedia Filomena* y el *sainete* alegórico *La razón, la fama y el tiempo,* emplea las *quintillas* yuxtapuestas formando *décimas* (abaab - cdccd), mientras que en las otras composiciones, de contenido más divertido, más en tono de farsa, emplea las quintillas con la rima *abbaa,* que se enlazan mediante un *pie quebrado* [91].

El cambio debe de tener una justificación y sería demasiado expeditivo resolver el problema quitándole la paternidad de toda *La Turiana* a Timoneda, como algunos han hecho [92]. Nosotros somos de la opinión de Juliá Martínez, que atribuye la obra al escritor valenciano, basándose en consideraciones objetivas y estilísticas, así como en el hecho irrebatible de que cada vez que Timoneda publicaba obras de otros, lo dice expresamente: no se comprende qué razón podía

[89] *Registro de Representantes / a do van registrados por Ioan Timoneda muchos y graciosos / pasos de Lope de Rueda y otros / diuersos autores, así de la/cayos como de simples y / otras diuersas / figuras.* / Impresos con licencia. / Vendese en casa de Ioan Timoneda / mercader de libros á la Merced. / año de 1570.

[90] E. JULIÁ MARTÍNEZ, «Observaciones preliminares» a las *Obras de Juan de Timoneda,* cit., II, págs. VII-XVI.

[91] *Ibíd.,* III, pág. IX.

[92] Sobre este punto, véase E. Juliá Martínez, nota precedente.

llevarle, precisamente sólo en el caso de *La Turiana,*
a hacerse pasar por autor de obras ajenas [93]. Pero aún
más importante es la comprobación de que aquí se
vuelven a encontrar los elementos que caracterizaban
las *Tres comedias,* y también aquí se encuentra de
nuevo el gusto típico de Timoneda por combinar motivos de diversa procedencia para elaborar algo nuevo.
Juliá Martínez habla acertadamente de «afán de novedad y lucimiento de vasta lectura» [94]; y eso precisamente explica la variedad de los contenidos, mientras
que la regularidad del uso métrico es una prueba más
para pensar en la obra de un solo autor.

El paso de la prosa al verso fue quizá debido a la
necesidad que advertía de acrecentar el interés del
público, el cual debía de encontrar en la forma musical
del octosílabo rematado por quintillas motivo de una
mayor participación y emoción. Pero se trataba también de acentuar el gusto popular asimilado a la realidad cotidiana, siguiendo el modelo de los *pasos* de
Lope de Rueda, ya que ahora se traían a escena sol-
dados, clérigos llenos de defectos, moros, ciegos, men-
digos, ladrones, lazarillos, comerciantes, carreteros,
campesinos, etc. Podía Timoneda traer también personajes de la antigua mitología, como en *La Filomena,*
pero para reconducirlos al plano más simple y corriente de la vida, tal como su público la concebía e inter-
pretaba. Es significativa, a este propósito, la constante

---

[93] Acerca de este particular y sobre el significado de *agora nueva-
mente sacadas a luz* que aparece repetidamente en los encabezamientos de Timoneda, véanse las observaciones de E. Juliá Martínez, que concluyen las cit. «Observaciones» al t. III de las *Obras
de Juan de Timoneda.*
[94] *Ibíd.,* III, pág. XV.

inserción del *simple* que pone su contrapunto bufonesco incluso a las escenas de mayor tensión trágica de *La Filomena*.

Demasiada poca atención se ha dedicado a esta obra, la cual nos parece la más significativamente empeñada en la realización de un teatro que consiguiera un feliz equilibrio entre la agilidad mímica de los *pasos* y el carácter más literario de las obras destinadas hasta entonces solamente a la lectura; el tema es grave y antiguo, pero la realización totalmente moderna. El esfuerzo de Timoneda se concentra en reducir la antigua leyenda a una serie de breves y esenciales episodios, que ponen a los personajes directamente en acción. Las ocho partes en que se divide la *tragicomedia* se suceden con incesantes cambios de escena, rápidamente, casi con técnica cinematográfica. Nada le es concedido al puro y simple relato, poco a las efusiones líricas. Se trata de llevarlo todo a escena, incluso el violento episodio en que Tereo arranca la lengua a Filomena, o el del trágico banquete al final del cual, tras tener la horrenda revelación, Tereo cae muerto en escena. Es una anticipación de lo que comúnmente se llama *senequismo,* y que sin duda por influencia italiana penetrará en el teatro español posterior, pero que aquí responde sobre todo a una necesidad de comunicación directa. Por lo demás, en el teatro español, el senequismo no es sólo un mero recurso literario, sino que se atiene a la viva exigencia de una más inmediata comunicabilidad con el público [95].

[95] Véase a este respecto C. GUERRIERI CROCETTI, *G. B. Giraldi e il pensiero critico del sec. XVI,* Roma, 1932, pág. 646: «La no-

En *La Filomena,* el espectáculo entendido como
búsqueda de efectos intensos sobre los oyentes predomina, a expensas naturalmente de valores más profundos. Ya no hay preocupaciones de tipo intelectual:
no queda sombra de la trágica fatalidad que pesaba
sobre la leyenda antigua. Aquí se presenta sólo la inmediatez de las pasiones; y recibe la posibilidad de
una necesaria distancia para contemplarlas y represen-
tarlas, del moralismo que se deja ver con claridad a
lo largo de toda la acción, y se concreta en la sentencia de la despedida:

> Quán mal que le sucedió
> al supremo Rey Tereo
> su sucio y bestial desseo,
> pues la vida le costó.

Vemos aquí claramente presentarse una característica fundamental de la futura *comedia* española, que
conducirá siempre los temas, extraídos de la historia
o de las leyendas antiguas, a la moralidad de la propia
época, y quedará siempre moralista, de una forma más
o menos fusionada con los valores propiamente esté-
ticos.

En 1566, Timoneda publica las comedias de Alonso de la Vega, modernamente editadas por Menéndez
Pelayo [96]. Este, en su amplia introducción a los tex-

vità del Giraldi è non esercizio accademico, ma bisogno d'effetto
tragico, necessità di vita e d'azione»; pág. 647: «La logica stessa
dell'azione porta verso la catastrofe che non deve ristagnare nella
narrazione… ma cerca e vuole lo sviluppo e l'evidenza stessa della
realtà vissuta.»
[96] A. DE LA VEGA, *Tres comedias,* con un prólogo de don Marce-
lino Menéndez Pelayo, Dresden, 1905.

tos [97], hace pesar sobre Alonso de la Vega un juicio decididamente desfavorable: «Su tosquedad y desaliño es tal, que revela una pluma enteramente iliterata, sin que por eso deba calificarse de escritor popular, ni mucho menos de inventor dramático» [98]. Lo considera inferior a Lope de Rueda y a Timoneda, y le reconoce un simple valor documental.

Podemos aceptar esta última afirmación desde el punto de vista de que el valor documental es ciertamente superior al estético, pero en ningún modo podemos aceptar la afirmación de una ausencia total de carácter literario. Antes bien, la misma empresa de Alonso de la Vega se realiza en el plano literario, y no está desprovista, por lo menos, de destreza. El autor se muestra preocupado principalmente por dar movimiento a la acción y por desarrollar en diálogo representable temas de la narrativa. Escribe en prosa como el primer Timoneda y como, por lo demás, hace Lope de Rueda en la mayoría de los casos. En dos de sus *Tres comedias,* la *Tholomea* y *La Duquesa de la Rosa,* trata dos motivos que también se encuentran en dos *patrañas* de Timoneda (la I y la VII).

Se ha querido establecer la precedencia de Alonso sobre Timoneda [99], pero de poco sirve llegar a tal conclusión, bien porque uno y otro se han valido de una tercera fuente, bien porque, probablemente, dados los lazos de amistad existentes entre ellos, ambos eran conscientes de que estaban elaborando un mismo tema

---

[97] Reimpresa en M. Menéndez Pelayo, *Estudios y discursos de crítica histórica y literaria,* II, en O. C., cit., VII, págs. 379-402.
[98] Véase el antes cit. «Prólogo» a las *Tres comedias,* de A. de la Vega, por M. Menéndez Pelayo, pág. VIII.
[99] *Ibíd.,* pág. XIV.

de distinta manera, y tan verdad es esto, que Timoneda no tiene ninguna dificultad en declarar al final
de sus patrañas: «Deste cuento pasado hay hecha comedia, que se llama *Tholomea*» [100]. «Deste cuento
pasado hay hecha comedia, llamada *La Duquesa de la
Rosa*» [101].

No es difícil entrever en las tres comedias los elementos literarios de que Alonso de la Vega se sirve
para su composición; elementos por él aprendidos,
ciertamente, en contacto con Lope de Rueda y los
italianos, y no asimilados, sino adoptando de ellos lo
que de más sugestivo e interesante tenían, aquello
que los hacía capaces de causar impresión en el público. Hay una burda sensibilidad artística en Alonso de
la Vega que le impide delinear con exactitud y de un
modo unitario una acción dramática, y que, en cambio,
le empuja a multiplicar las experiencias y a buscar
efectos, los cuales no son únicamente de naturaleza
escénica y teatral, sino también culta; aunque el mundo de la cultura (la mitología, por ejemplo) no es
acogido en sus posibilidades efectivas de sugerencia
poética, sino sólo en cuanto podía tener de fascinante
para un público medio, atraído por lo remoto y legendario. Elementos de la comedia de Plauto se mezclan con el motivo mágico del nigromante, que se
convierte en *deus ex machina* en *La Tolomea,* dispuesta en ocho escenas y construida sobre el fácil
motivo de los hermanos cambiados y que adoptan los
dos el mismo nombre de Tolomeo. Uno de ellos parece
haber dejado encinta a su hermana, mientras que lue-

---

[100] Véase *Obras de Juan de Timoneda,* cit., Patraña, I, pág. 14.
[101] *Ibíd.,* Patraña, VII, pág. 64.

go se revela que es la prima, y puede así efectuarse la boda. Pero la trama está complicada con una serie de episodios menores, de escenas bufonescas, de apariciones imprevistas —por obra del nigromante—, de personajes mitológicos como Cupido, Febo, Orfeo y Medea, sin que por otra parte falte el ermitaño, el niño amenazado de muerte y luego salvado y la protagonista, Argentina, que se disfraza de hombre.

Los mismos ingredientes entran en la composición de la *Seraphina,* también escrita en ocho escenas. La protagonista es una joven a quien su madre envía desde Roma a casa de un amigo de su padre, en Nápoles, para sustraerla a los pretendientes, que se la disputaban. El hijo de éste, Atanasio, se enamora de Serafina, la cual, sin embargo, no quiere saber nada de él, porque desea casarse con el hombre más bello de todos, inducida por un nigromante que le habla de Cupido, cuyo retrato le presentará más tarde en un escudo. Pero Cupido mismo, invocado por Atanasio, concede al joven arco y flechas, con una de las cuales hiere a Serafina. Esta se desvanece y él, creyéndola muerta, se mata. Cuando Serafina vuelve en sí y descubre a Atanasio muerto, se mata a su vez en el preciso momento en que llega una carta desde Roma favorable a su casamiento con Atanasio. Todo esto mezclado con abundantes incidencias menores y no siempre apropiadas: el robo de un cofrecillo precioso, por parte de Atanasio, a quien su padre mete en la cárcel; las dilaciones pastoriles de la escena VII; las burlas del *simple* y del nigromante. La obra sabe a centón de repertorio cómico y a la «novellistica», y en conjunto resulta inconexa.

La mejor de las tres comedias es sin duda *La Duquesa de la Rosa,* como ya señaló Menéndez Pelayo [102]. Esta obra, sin estar dividida en un número preciso de escenas, es más unitaria y coherente, vista como cuento fabuloso y caballeresco. La princesa de Dinamarca, antes de casarse y de ser duquesa de la Rosa, había amado al infante de Castilla, el cual había estado en su corte y le había dejado un anillo como señal de reconocimiento. De vuelta de su peregrinación a Santiago, la duquesa es hospedada en Burgos por un cortés caballero desconocido; éste, durante el banquete, se le da a conocer poniendo el anillo en la copa que le hace presentar para beber. Pero también está enamorado de la duquesa el mayordomo, que, al ser rechazado, urde un vil engaño. El marido cree adúltera a la duquesa, la encierra en la cárcel y la condena a morir en la hoguera de no presentarse en el plazo de tres meses un caballero que se haga su campeón y venza en duelo al mayordomo. Dulcelirio se presenta sin darse a conocer, gana el certamen, y sólo después que ha muerto el duque descubre su identidad para casarse con la duquesa.

No es que no falten aquí también las divagaciones y las dilaciones extemporáneas, porque al margen de la trama fundamental tienen lugar escenas cómicas y líricas (el *simple,* el fanfarrón, el bachiller pedante, la romería, las figuras alegóricas del Consuelo, de la Verdad y del Remedio, que confortan a la duquesa en la cárcel, etc.); pero el tono novelesco del conjunto se mantiene a lo largo de toda la obra, y el lenguaje

---

[102] En el cit. «Prólogo» a las *Tres comedias,* pág. XXIV.

mismo, que en las dos primeras comedias tenía pesadas caídas en la lengua burdamente realista junto a momentos de pretendida y fatigosa literatura, aquí está más fundido en un tono medio, sobre todo cuando se narra el asunto principal. Y las mismas divagaciones se insertan en la historia mejor de como ocurre en otros dramas, donde dichas escenas (lo que, por lo demás, ocurre también en Lope de Rueda) son *pasos* que se pueden aislar de la trama.

Timoneda, como hemos visto, publica dos colecciones teatrales de Lope de Rueda en 1567, es decir, cuando el sevillano había muerto ya. Probablemente buena parte, si no todas las obras de las dos colecciones, habían sido representadas en torno a 1560 en Valencia; de dos de ellas *(Eufemia* y *Medora)* resulta lógico pensar que incluso fueron escritas allí, ya que su acción, derivada de modelos italianos, se sitúa en Valencia precisamente [103]. Al publicarlas, Timoneda se cuida de advertir cómo los textos que reproduce no habían sido escritos para ser impresos, y que él se vio obligado a suprimir aquellas partes que estaban repetidas o fuera de sitio, a la vez que pone todo el contenido *bajo la corrección de la santa madre Iglesia* [104]. Es un testimonio importante, porque nos asegura de que la preocupación principal de Rueda fue la de actor. Él encarnó prácticamente en escena aquella dirección que Timoneda siguió más bien en el plano

---

[103] E. COTARELO Y MORI, «Prólogo» a las *Obras de Lope de Rueda,* cit., I, págs. LIX y LXXIV. Según F. Carreres y de Calatayud, art. cit., págs. 128-138, la ambientación valenciana sería segura sólo para la *Medora.*

[104] Véase «Epístula satisfatoria de don Ioan de Timoneda al prudente lector», en *Obras de Lope de Rueda,* cit., pág. 5.

teórico y compositivo. Es opinión por todos admitida
que Rueda siguió modelos italianos en sus comedias,
y la crítica ha llegado en esta cuestión a precisiones
definitivas [105]. Se ha afirmado por lo general la originalidad de Rueda en los *pasos;* sin embargo, Vian,
insistiendo en reconocer el origen italiano de las representaciones teatrales en España, ha propuesto la hipótesis de que también los *pasos* deben ponerse en relación con el teatro italiano del arte [106]. El problema
debería dilucidarse mediante una investigación ade-
cuada.

A nosotros ahora nos interesa hacer notar sobre
todo que allí donde tenemos la posibilidad de con-
frontaciones directas con las fuentes [107], vemos que la
imitación se realiza con arreglo a criterios típicos de
la obra de Rueda, el cual escribe como guiado por una
particular sensibilidad teatral y por un gusto de la
palabra dialogada más vivo que el de sus modelos,
impregnados de literatura libresca. El número de los
personajes está considerablemente reducido [108]; escenas enteras son suprimidas [109], se introducen elementos mímicamente sugestivos [110]. Pero, sobre todo, se

---

[105] Véase sobre todo STIEFEL (*supra* nota 74) y el cit. «Prólogo»
de E. COTARELO Y MORI a las *Obras de Lope de Rueda.*
[106] C. VIAN, *op. cit.,* págs. 15-16 y pág. 41, nota 36.
[107] Esto es posible sobre todo para *Los Engañados,* que procede
de *Gl'Ingannati,* obra de los Intronati, y para la *Medora,* que procede de *La Cingana,* de Luigi Artemio Giancarli.
[108] Esto ocurre en *Los Engañados* (véase E. COTARELO Y MORI,
«Prólogo» cit., pág. LXVII).
[109] Como en *Los Engañados* y en la *Medora,* esta última reduci-
da a la mitad en sus proporciones con respecto a *La Cigana.*
[110] Sobre todo el *simple* Ortega y el *lacayo* Peñalba en la *Medora*
y los *lacayos* Pajares y Salamanca, sin contar la negra Guiomar, en
Los Engañados.

busca un lenguaje de inmediato enlace con el gusto y con las costumbres de un público medio, habituado al lenguaje familiar cotidiano. La empresa literaria de Rueda se orienta, por consiguiente, hacia un vivaz objetivismo, tanto más acentuado cuantos más personajes simples y humildes se pintan. Este carácter adquiere una mayor evidencia en los *pasos,* donde la brevedad de la acción y el carácter modesto de los contenidos compromete al autor en la búsqueda de efectos de escena. Mímica y recitación debían de tener la mayor importancia, como nos lo atestigua el mismo Cervantes, el cual, refiriendo haber visto actuar de joven a Lope de Rueda, evoca como más vivos en su recuerdo algunos papeles que el autor-actor debía de interpretar con señalada maestría: «Entremeses ya de negra, ya de rufián, ya de bobo, ya de vizcaíno; que todas estas cuatro figuras y otras muchas hacía el tal Lope con la mayor excelencia y propiedad que pudiese imaginarse» [111]. Sin embargo, debido al particular carácter «teatral» de los *pasos,* ligado más que al valor intrínseco del texto a los efectos histriónicos y, por consiguiente, a la habilidad interpretativa (a semejanza de lo que ocurría en la italiana «commedia dell'arte»), se hace difícil enjuiciar estas breves composiciones desde el punto de vista estético. Por ello, mucho menor efecto debió de causar Lope de Rueda a quien no tuvo la posibilidad de verlo actuar en escena; así ocurre en el caso de Lope de Vega, el cual, aun estando de acuerdo con los autores que lo habían celebrado como el inventor del teatro público en Espa-

[111] Véase el «Prólogo» de CERVANTES a sus *Ocho comedias* (ed. R. Schevill-A. Bonilla y San Martín, Madrid, 1922, I, págs. 6-7).

ña [112], hace algunas reservas acerca del valor intrínseco
de sus comedias y de sus pasos [113], aunque elogie los
Coloquios pastoriles, que obedecen más a una tradición literaria culta [114]. Lo mismo le ocurrirá a Baltasar
Gracián [115].

Salvo las reservas de Valbuena Prat [116], los *pasos*
constituyen hoy la producción más elogiada de Rueda.

[112] Véase el «Prólogo» a la *Parte XIII* de las *Comedias de Lope
de Vega,* Madrid, 1620, reimpreso en *B. A. E.,* LII, pág. XXII.
[113] L. Vega Carpio, *Arte nuevo de hacer comedias,* ed. A. Morel Fatio, en «Bulletin Hispanique», III, 1901, vv. 62 y ss.

> ... *Acto fueron llamadas, porque imitan*
> *las vulgares acciones y negocios.*
> *Lope de Rueda fue en España ejemplo*
> *destos preceptos, y hoy se ven impresas*
> *sus comedias de prosa tan vulgares,*
> *que introduce mecánicos oficios*
> *y el amor de una hija de un herrero...*

Sobre estos versos y los inmediatamente siguientes, véase la reciente aguda interpretación de F. Lázaro Carreter *El Arte Nuevo*
(vs. 64-73) y el término entremés, en «Anuario de Letras de la
Facultad de Filosofía y Letras de la Unam», México, V, 1965,
págs. 77-92.
[114] L. Vega Carpio, *Introducción a la justa poética de San Isi-
dro,* Madrid, 1621, reimpreso en *B. A. E.,* XXXVIII. En la página 146: «Pues si ha visto los que entonces llamaban *Coloquios,*
aquellas églogas, digo, de Vergara y Lope de Rueda, conocerá en
aquella pureza el alma bucólica de Teócrito.»
[115] En su obra *Agudeza y Arte de Ingenio,* en el cap. XLV,
B. Gracián (véase ed. A. del Hoyo, Madrid, 1960, pág. 440) recuerda a Lope de Rueda como hábil inventor en el arte de la
agudeza por desempeño en el hecho y cita, por ejemplo, el *Coloquio*
pastoril de Lope de Rueda, que fue encontrado por F. R. de Uha-
gón, en 1902, en París (véase E. Cotarelo y Mori, *op. cit.,* I,
pág. LXXXVII).
[116] A. Valbuena Prat, *Literatura dramática española,* Barcelona,
²1950, pág. 90: «Claro que aquí cabe interrogar hasta qué punto
puede llamarse arte a esta reproducción fotográfica de un lance
cotidiano, sin marco constructivo que lo fije en un orden espiritual, sin más importancia que la gracia que corresponde a lo que
puede verse, acaso más acentuada y vibrante en la vida misma.»

Quizá tal juicio, en la situación actual de la crítica, precise de una demostración más motivada. Se ha insistido mucho en el «carácter popular» del contenido y del lenguaje empleado [117], pero no se ha llegado, a nuestro parecer, a justificar estos elementos desde el punto de vista estético.

Sin embargo, ahora no nos urge tanto resolver este problema como observar que el Rueda gran actor es el primero que instaura la práctica regular de un teatro dirigido a un vasto público e inicia con su compañía la profesión de comediante, buscando un lenguaje nuevo que fuera instrumento de inmediata comunicación y confiriese carácter literario a la realidad de la vida más humilde: de él, ciertamente, se acordará Cervantes y se acordará también la picaresca.

Gran importancia tuvieron para el éxito de Rueda la novedad del género que introducía ante el público y sus extraordinarias facultades de actor: debía de arrebatar verdaderamente a los espectadores, y se puede decir que, por estar ajeno a las grandes preocupaciones ideológicas o morales y totalmente absorbido por una urgencia de creador a quien guía un vivaz instinto teatral, no se preocupó de profundizar los temas y los personajes de su teatro, ni de reconocer el valor cultural de su novedad.

---

[117] Véase, por ejemplo, M. Menéndez Pelayo, «Prólogo», cit., pág. XIV: «El mérito de Lope de Rueda está... en el arte del diálogo, que es un tesoro de dicción sazonada y picaresca.» Véase también A. Bonilla y San Martín, «Advertencia» prepósita a la ed. del *Registro de representantes,* Madrid, 1917: «El verdadero mérito del batihoja sevillano reside en el lenguaje y estilo de sus *pasos* o *entremeses,* rebosante de ingenio de picante agudeza» (págs. XIV-XV); «Rueda es un verdadero arsenal de vocablos, giros y proverbios populares» (pág. XVIII).

Pero es aquí donde interviene Timoneda, el cual procede de modo que el teatro en Valencia adquiera un carácter cultural preciso. Tiene perfecto conocimiento del fenómeno que se está desarrollando [118] y, viendo en Rueda su iniciador, se cuida de publicar aquellos textos que éste no había pensado publicar; aún más, se convierte en portavoz de la nueva dirección literaria [119], dedicándose él mismo, entre otras cosas, como hemos visto, a una vasta actividad teatral.

La conciencia de lo que es teatro nuevo se difunde: sabemos que, en 1574, Palmyreno se ha convertido ya a las *farsas hispánicas* [120]; y dentro de poco, Rey de Artieda dirá que «el antiguo al fin se acaba» [121].

---

[118] Que Timoneda tenía clara visión de la «novedad» del teatro hispánico, se deja ver también en estos versos del soneto en loor de Lope de Rueda, publicado por él al frente de *Los Engañados* y *Medora*. Véase *Obras de Lope de Rueda,* cit., I, pág. 160:

> *Guiando cada cual su veloz rueda*
> *a todos los hispanos dieron lumbre*
> *con luz tan penetrante deste carro.*

> *El uno en metro fue Torres Naharro,*
> *el otro en prosa, puesta ya en la cumbre,*
> *gracioso artificial Lope de Rueda.*

[119] Creo que Cervantes deja entender esto claramente cuando en su *Viaje del Parnaso,* cap. VII, vs. 292-294, escribe:

> *Tan mezclados están, que no hay quien pueda*
> *discernir cuál es malo o cuál es bueno,*
> *cuál es garcilasista o Timoneda.*

(Véase ed. crít. de F. Rodríguez Marín, Madrid, 1935, pág. 95.)
Timoneda representaría así, pues, en la tradición literaria del XVI, la corriente hispánica y popularizante contra la italianizante y áulica que simbolizaba Garcilaso.

[120] Véase *supra,* pág. 69.
[121] Véase cap. sig., pág. 97.

III
LA «COMEDIA» VALENCIANA
Y LOPE DE VEGA

El reconocimiento que Timoneda hizo en Valencia de la validez literaria del teatro de Lope de Rueda, después de su éxito entre el público, tiene un riguroso significado histórico, porque señala el advenimiento de un género nuevo, desligado del rigorismo de modelos literarios clásicos o convenciones de ambientes áulicos, y empeñado, en cambio, en un efectivo esfuerzo de comunicación con un extenso círculo de oyentes.

Siguiendo las huellas de Lope de Rueda, otros actores se comprometieron en la empresa y llegaron a ser célebres, pero de ellos no tenemos más que el recuerdo de sus contemporáneos. Bastará hacer mención aquí de aquel comediante a quien Cervantes cita como digno continuador del arte del sevillano, Nabarro: «Sucedió a Lope de Rueda, Nabarro, natural de Toledo, el cual fue famoso en hacer la figura de un rufián cobarde» [1].

<hr/>

[1] M. DE CERVANTES, «Prólogo al lector», en *Ocho comedias y ocho entremeses,* Madrid, 1615 (ed. R. Schevill y A. Bonilla, Madrid, 1915, pág. 6). Cervantes nos da otras noticias acerca de las

Por otra parte, siguen teniendo gran vigencia también los italianos. Acerca de la actividad de los cómicos italianos en esta última parte del siglo, tenemos noticias bastante precisas, que, justamente en fecha reciente, Shergold [2] y Falconieri [3] han intentado ordenar. Sabemos, así, que el célebre Alberto Naselli, llamado Ganassa [4], llegó a Madrid en 1574 (según algunos, actuó en España antes [5]); también, que Stefanello Bottarga actuó en 1583 en Valencia [6]; que los italianos tuvieron una parte muy importante en la introducción de las máquinas teatrales y, en general, en el desarrollo de la técnica escénica; que representaron en España comedias de carácter literario [7] y «commedie dell'arte», en las cuales tenían tanta parte los «lazzi» [8].

novedades escénicas introducidas por Navarro: «Éste levantó algún tanto más el adorno de las comedias y mudó el costal de vestidos en cofres y baúles; sacó la música, que antes cantava detrás de la manta, al teatro público; quitó las barbas de los farsantes, que hasta entonces ninguno representava sin barba postiza, y hizo que todos representassen a cureña rasa, si no eran los que avían de representar los viejos o otras figuras que pidiessen mudança de rostro; inventó tramoyas, nubes, truenos y relámpagos, desafíos y batallas; pero esto no llegó al sublime punto en que está agora.»

[2] N. D. Shergold, *Ganassa and the 'Commedia dell'arte' in Sixteenth Century Spain,* en «The Modern Language Review», LI, 1956, págs. 359-368.

[3] J. Falconieri, *Historia de la 'Commedia dell'arte' en España,* en «Revista de Literatura», XI, 1957, págs. 3-37; XII, págs. 69-90.

[4] Sobre Ganassa, véase M. Apollonio, *Storia del teatro italiano,* Firenze, 1940, II, págs. 260-261.

[5] Shergold (op. cit., pág. 359, nota 3) refiere: «C. W. Beaumont in *The History of Harlequin* (London 1926), states that Ganassa's company played in Spain in 1565 and F. Bartoli, *Notizie istoriche de comici italiani,* Padova 1782, gives the date of his visit as about 1570.»

[6] Véase H. Mérimée, *Spectacles et comédiens à Valencia,* Toulouse, 1913, págs. 126 y 197.

[7] N. D. Shergold, *op. cit.,* pág. 366.

[8] J. Falconieri, *op. cit.,* pág. 85.

Todo esto ocurría en una época de indudable crisis de la civilización renacentista italiana, que, en el nuevo clima rigorista y organizador de la Contrarreforma, iba tratando de constituir, por el camino manierista, una cultura diferente que respondiese a las inquietas exigencias nuevas.

Estas formas teatrales cómicas italianas, herederas del Renacimiento, habían decaído del plano áulico en el que habían surgido, pero se difundían ahora por toda España, importadas de Italia; y penetraba también en las esferas más altas la cultura que aquella crisis iba expresando, y que se caracterizaba, sobre todo, por la exigencia viva de una renovada y ordenada sistematización regida por un fuerte deseo de excepcionalidad espiritual, por un sentido más vivo de la realidad, por la necesidad de una más amplia comunicación, por la conciencia de los valores éticos del arte.

En este clima se explica cómo en España, ante el éxito de la nueva forma de arte que amenazaba con deslizarse hacia una burda reproducción de la realidad o a esquematizarse en fórmulas, tipos y gestos fijos, con una finalidad meramente y mediocremente edonista, los literatos advirtiesen, por una parte, las inmensas posibilidades del teatro dentro de estas mismas exigencias éticas y estéticas, y, por otra, la necesidad de una disposición del nuevo género en formas de arte más coherentes, con vistas a un orden, a una disciplina y a principios teóricos, que no fuesen, sin embargo, abstracción doctrinal, sino que se organizasen en contacto con la misma experiencia.

Esto significaba, tras el abierto reconocimiento por parte de Timoneda del carácter literario del teatro representado, estrechar aún más los lazos entre literatura y escena: reforzar y profundizar lo que ya Lope de Rueda y Alonso de la Vega habían iniciado, es decir, la reducción de los distintos géneros literarios (en su caso la «novellistica» en especial) al género representable: Timoneda mismo —como se ha visto— había llegado incluso, si bien con resultados discutibles desde el punto de vista estético, a recrear con la *Filomena* una antigua y trágica fábula mitológica.

Los varios géneros literarios estaban allí prontos a suministrar el material que el género naciente necesitaba, según un proceso explicable y natural, por el cual la tradición más antigua y rica en formas se convertía en guía y sugerencia para la más joven e inexperta.

Este proceso, que tiene su desarrollo en los años que siguen a 1575, ha sido estudiado hasta ahora por la crítica como un repentino despertar de intereses, sobre todo hacia el género trágico, en el que resonaba aún la solemnidad de la épica; casi una violenta oposición al género cómico popular. Así, se ha colocado poco más o menos en la misma línea a autores completamente distintos, como Bermúdez, Rey de Artieda, Lupercio Leonardo de Argensola, Virués, Cervantes [9],

[9] Fue la crítica del siglo XVIII la que sugirió polémicamente la idea de una lucha entre teatro docto y «regular» por un lado y teatro popular lopesco por el otro, hasta erigir en representante del primero a Cervantes y afirmar la existencia de una «tragedia» clásica española en el XVI, en oposición a la «comedia» popular. Tales ideas han tenido una larga vida y emergen incluso en la crítica más reciente. Un estudioso español (A. HERMENEGILDO, *Los trágicos españoles del siglo XVI,* Madrid, 1961), por ejemplo, ha escrito un volumen de 617 páginas con la expresa intención de poner orden en la confusa materia de los «trágicos» españoles del XVI. A nuestro parecer, el ingente esfuerzo, si bien ha dado frutos en

y se ha llegado a ver, por otra parte, en el docto y libresco Juan de la Cueva al iniciador de un teatro nacional popular. Simplificación sumaria y expeditiva,
alejada de la realidad histórica.

el plano de la erudición por la amplitud del material acumulado,
no ha conducido a resultados apreciables desde el punto de vista
historiográfico. Aquí nos limitaremos a observar que: 1.°) La cultura española del XVI no tiene de ningún modo una noción humanista de los géneros «comedia» y «tragedia»; más bien muestra
ser heredera de la tradición retórica medieval, y, por tanto, no se
puede, si no es infringiendo la realidad histórica, tratar de explicar
la existencia práctica del teatro español del XVI a partir de las ideas
de los teóricos humanistas españoles como Pinciano y Cascales, que,
además, pertenecen a la última parte del siglo XVI o incluso ya
al XVII. 2.°) Los ejercicios humanísticos en latín, típicos de los ambientes académicos, tienen una escasa y menospreciable influencia
sobre el teatro representado en lengua vulgar. 3.°) Los intentos de
tragedias en castellano de Bermúdez están estrechamente ligados
al ambiente humanista de la Universidad de Coimbra, y el único
intento de Virués de tragedia adaptada a las reglas (*Elisa Dido*),
precisamente por su declarado carácter de excepcionalidad, no pasa
de ser un episodio más libresco que teatral. 4.°) No nos parece
aceptable reunir bajo la etiqueta de «trágicos españoles» a autores
tan distintos como Artieda, Virués, Cueva, Argensola, Cervantes,
Lobo, Lasso de la Vega, intentando luego sacar las características
comunes para definir un concepto de «tragedia española» que no
existe. En verdad, Hermenegildo, que, al comienzo de su trabajo
(pág. 9), protestaba contra la «crítica negativa de la tragedia española, nunca apoyada en el estudio directo de las piezas dramáticas,
sino en las teorías lanzadas por Moratín», ha estudiado, sí, con
diligencia, los textos, pero no ha sabido desasirse del concepto neo-
aristotélico de tragedia, que ha conducido su investigación. Mejor
hubiera sido estudiar cada texto en su específica realidad histórica.
En efecto, cuando los españoles se orientaron hacia tentativas de
tragedias, lo hicieron sin rigor de obsequio a las «reglas»; el mismo
«senequismo» no fue sino la aceptación, bastante libre, de una teo-
ría y de un gusto que dejaba —sobre todo a través de la interpretación de Giraldi Cinzio— la puerta abierta a la tragicomedia. Por
tanto, nos parece que lo que habría que estudiar, mejor que la
abstracta categoría de los «trágicos» españoles del siglo XVI, es
cómo y por qué, en la cultura española del quinientos, ya desde
los tiempos de Torres Naharro, se constituyó una «poética» teatral
tan distinta de la clásico-italiana y capaz de determinar un gusto
y una tradición originales.

El gallego Bermúdez [10] tradujo un drama del portugués Antonio Ferreira (1528-1569), que había surgido en el ambiente humanista de Coimbra y estaba inspirado en la historia de la infeliz Inés de Castro, casada con el infante Pedro y muerta por orden del Rey. Luego, Bermúdez compuso por su cuenta otra obra, desarrollando el mismo tema hasta la venganza del infante Pedro, que quiso hacer reina a Inés de Castro después de muerta.

Bermúdez publicó las dos tragedias —*Nise lastimosa* y *Nise laureada*— en 1577 en Madrid, reuniéndolas bajo el título de *Primeras tragedias españolas* [11]. Constan de cinco actos, emplean exclusivamente metros italianos y parecen inspiradas en las reglas de Trissino [12].

Se ve claramente por estas simples indicaciones que las obras de Bermúdez han nacido en un ambiente absolutamente particular, conservador más que innovador, bastante diferente de aquel que sabemos existía en Valencia.

En efecto, de muy distinta forma se presenta la tragedia *Los amantes,* del valenciano Rey de Artieda [13],

[10] Sobre Bermúdez, véase J. P. W. CRAWFORD, *The influence of Seneca's Tragedies upon Ferreira's Castro and Bermúdez's Nise Lastimosa and Nise Laureada,* en «Modern Philology», XII, 1914, págs. 171-186; A. HERMENEGILDO, *op. cit.,* págs. 149-180 y 553-555; M. D. TRIWEDI, *Notas para una biografía de Jerónimo Bermúdez,* en «Hispanófila», 29, 1967, págs. 1-9.
[11] A. SILVA (seud. de J. Bermúdez), *Nise lastimosa, Nise laureada,* en «Parnaso español», Madrid, 1772, VI; hay también ed. de Ochoa en *Tesoro del teatro español,* París, 1838, I.
[12] J. P. W. CRAWFORD, *Spanish Drama before Lope de Vega,* Philadelphia, 1937, pág. 162.
[13] Sobre Rey de Artieda, véase H. MÉRIMÉE, *L'art dramatique à Valencia,* cit., págs. 290-324; E. JULIÁ MARTÍNEZ, *Nuevos datos sobre Micer Andrés Rey de Artieda,* en «Boletín de la Real Aca-

escrita sólo pocos meses después de la obra de Bermúdez. Es importante hacer notar que Rey de Artieda tenía conocimiento de las obras de Bermúdez, como él mismo revela en la epístola a don Tomás de Villanova que sirve de prefacio a *Los amantes:*

> ya de los coros ni hay rastro ni sombra,
> aunque impressos los vi, no ha muchos meses,
> en dos Nizes, que assi el autor las nombra [14].

Artieda pretende alejarse de las formas del teatro antiguo, que, en el caso de las dos *Nizes,* sólo se le presentaba como una curiosa supervivencia o un inútil arcaísmo. Más claro aún resultará el pensamiento de Rey de Artieda, si se extiende la cita a lo que, en la epístola (la cual plantea de modo bien preciso una confrontación entre teatro antiguo y moderno), precede y sigue al terceto antes citado:

> Pero como lo antiguo al fin se acaua,
> diez tablas, dos tapices y una alfombra,
> hinchen aquella fabrica tan braua,
>
> ....
>
> Mas como lo que montan, señor, peses,
> boluernos a los coros, es boluernos
> los graves y antiquisimos arneses.
> Ya no queremos tanta heuilla y pernos,
> bastan los que nos siruen a la justa:
> mas bien garbados, llanos y modernos.
> Digo que España está en su edad robusta,
> y como en lengua y armas valga y pueda,
> me parece gustar de lo que gusta.

demia Española», XX, 1933, págs. 667-686, y en separata, Madrid, 1934; A. HERMENEGILDO, *op. cit.,* págs. 198-280 y 587-589.

[14] Véase *Poetas dramáticos valencianos,* cit., I, pág. XXVI.

Artieda confirma su aversión hacia todo rigorismo
de tipo arqueológico y su adhesión a la *plática española:* además de la abolición del coro, rehúsa los cinco
actos y acepta la división en dos partes, cada una de
ellas dividida, a su vez, en otras dos, rechaza las reglas que predicaban un abstracto decoro y se burla
irónicamente de la mitología clasicizante [15]. En cualquier caso, permanece cerca de aquel refinado ambiente cultural, predominantemente lírico, que hemos dicho era característico de Valencia y que nos parece
oportuno definir como petrarquesco, destinado a con-
tinuarse en el docto juego de las Academias. Este aspecto se manifiesta claramente en el parangón que,
siempre en la epístola dedicatoria, hace con los *Trion-
fi,* de Petrarca:

> aquí no hay hidra, furia ni Centauro,
> solo hay un caballero y una dama,
> que pretenden ganar a Laura el lauro,

y se confirma también en el texto de la tragedia, donde, entre otras cosas, se incluye la traducción de un
soneto del *Canzoniere* [16].

El argumento de la tragedia es una leyenda local,
mezclada con un cuento de Boccaccio: la infeliz historia de los amantes de Teruel; Marcilla, no pudiendo
a causa de su pobreza casarse con Isabel de Segura,
parte de Teruel en busca de fortuna, habiendo pro-
metido Isabel esperarlo siete años. Él vuelve pocas
horas después del vencimiento del plazo, y encuentra

---

[15] *Ibíd.,* I, pág. XXVII.
[16] Es el soneto *César después que la cabeza mira* del segundo
acto, que procede del soneto LXX del *Canzoniere.*

que Isabel acaba de casarse. Muere de dolor, mientras pide un beso a la que no podrá ya ser su esposa, y ella muere a su vez sobre su cadáver, al que ha querido acompañar en las honras fúnebres [17].

El interés de esta leyenda, que debía de ser conocida en Valencia, se acrecienta en la representación de Rey de Artieda gracias a precisas referencias a hechos y costumbres que tratan de caracterizar de un modo realista la historia [18].

Mérimée habló de la concentración del autor en el tema psicológico y de su atención a lo patético, descubierto en la intimidad de los personajes [19], mientras que Juliá Martínez llama la atención más bien sobre la búsqueda de un efecto dramático en la contraposición de las pasiones, si bien le parece que los hábitos académicos del literato y su frialdad retórica han puesto freno a un arrebato sentimental más libre [20].

Un cierto embarazo literario está indiscutiblemente presente en la tragedia. Mancini [21] ha definido acertadamente ciertas divagaciones eruditas (como las de

---

[17] Es de 1555 la obra en verso (redondillas) de P. ALBENTOSA *Historia lastimosa y sentida de los dos tiernos amantes Marcilla y Segura, naturales de Teruel,* mientras D. Ramírez Pagán recuerda a los dos amantes en una composición incluida en la *Floresta de varia poesía,* Valencia, 1562. Sobre la leyenda y sobre su desarrollo, véase E. COTARELO Y MORI, *Sobre el origen y desarrollo de la leyenda de los amantes de Teruel,* Madrid, 1907, que subraya la influencia de Boccaccio (*Decameron,* IV, 8).

[18] E. JULIÁ MARTÍNEZ, «Observaciones preliminares» a *Poetas dramáticos valencianos,* cit., pág. XLI.

[19] H. MÉRIMÉE, *op. cit.,* pág. 310.

[20] E. JULIÁ MARTÍNEZ, *op. cit.,* pág. XLII.

[21] G. MANCINI, *Caratteri e problemi del teatro di Tirso,* en «Studi tirsiani», Milano, 1958, pág. 45, nota 5.

Marcilla, que busca consuelo en los clásicos latinos o que compone sonetos) «frammenti culturali esibizionistici», y, al enjuiciar en su conjunto la tragedia, ha hablado «d'ingenua scheletricità, anchilosata da una mancanza di tecnica, di gusto, di profondità psicologica e, soprattutto, d'intensità espressiva» [22].

En efecto, la limitación de esta tragedia consiste en no haber sabido Artieda hacer dramáticas, acción viva, las pasiones. Pesa demasiado la «narrativa» tradicional; hay demasiado relato y escaso movimiento. Por otra parte, las escenas de ambiente, que deberían servir de fondo a la historia principal y conducir la «segunda acción», quedan separadas de la historia fundamental, son pausas y nada más. Pero se trata de un límite casi inevitable para alguien que inicia una tradición, como en el fondo hace Artieda.

Digna de atención es, por otra parte, la versificación de *Los amantes,* donde, al lado de los versos italianos, se deja buena parte a las *coplas reales;* y, en los cuatro actos, son frecuentes las variaciones de metros. También este hecho nos confirma la libertad de la búsqueda de Rey de Artieda, autor sin duda docto, pero nunca pedante, más abierto ciertamente al futuro que condicionado por una tradición erudita, como equivocadamente nos ha sido presentado hasta ahora [23].

[22] *Ibíd.,* pág. 45.
[23] También en Guerrieri-Crocetti (que ha sabido precisar con una abundante documentación la aportación a la cultura del XVI de los tratadistas italianos, abiertos a una búsqueda de formas expresivas más libres —aludimos sobre todo a su ya cit. extenso ensayo crítico sobre *G. B. Giraldi Cinzio e il pensiero critico del sec. XVI*— y que ha puesto de relieve la influencia de esta cultura en el ambiente español) se vuelve a encontrar la oposición, un poco demasiado

Nuestra interpretación está avalada también por la noticia de que Rey de Artieda escribió, además de *Los amantes,* otras obras, de las que sólo nos han llegado los títulos:. *Los encantos de Merlín, Amadís de Gaula* y *El príncipe vicioso,* tres composiciones que debían de ser más bien comedias que tragedias y de las que por el simple título se puede deducir, al menos para las dos primeras, su origen caballeresco, quizá no sin influjo de Gil Vicente.

En cuanto a la fecha, es probable que estas obras no disten mucho de la que señalamos para *Los amantes* (1577 o, como máximo, primeros meses de 1578)[24]. Por lo demás, Agustín de Rojas, en su *Viaje entrete-*

acentuada, entre teatro *docto* y teatro *popular.* Esto se refleja netamente en la interpretación de la «Epístola al Marqués de Cuéllar sobre la Comedia», publicada por Rey de Artieda en sus *Discursos, Epístolas y Epigramas de Artemidoro,* Zaragoza, 1605, donde Guerrieri-Crocetti, de acuerdo con la exégesis de M. Menéndez Pelayo (*Historia de las ideas estéticas,* en O. C., cit., II, págs. 280 y ss.), advierte motivos dictados por la «amarezza del vinto contro la *comedia* nuova» y una reivindicación «della dignità del teatro classico» (C. Guerrieri Crocetti, *Juan de la Cueva e le origini del teatro nazionale spagnuolo,* Torino, 1936, pág. 186). En cambio, la «Epístola», como claramente ha demostrado M. Romera-Navarro (*La preceptiva dramática de Lope de Vega,* cit., págs. 55-56), es una defensa de la *comedia* contra los poetas profesionales, entre los cuales no puede, evidentemente, incluirse a Lope de Vega, dado que, en la misma «Epístola», es elogiado al lado de los valencianos Tárrega y Aguilar (y la cita de los tres juntos es significativa):

> *Que Tárrega, Aguilar, Lope de Vega,*
> *aligerar con sus escritos pueden*
> *la ansia y passión que te desassosiega.*

[24] Cuando Rey de Artieda compuso *Los amantes* debía de tener cerca de veintinueve años. Resulta difícil pensar que hubiese escrito para el teatro desde mucho antes, mientras que más tarde lo sabemos totalmente dedicado al oficio de las armas y alejado de su patria, donde habría podido representar sus obras.

nido, pone una de éstas al lado de las obras de Argensola:

> hizo entonces Artieda
> sus Encantos de Merlín
> y Lupercio sus tragedias [25],

y sabemos que Argensola escribe sus tragedias alrededor de 1580-1581 [26].

Argensola las compuso e hizo representar de joven en Zaragoza; eran tres: la *Filis,* la *Isabela* y la *Alejandra;* las dos últimas no se publicaron hasta 1772 en el *Parnaso español,* de López de Sedano [27]. Dejan ver éstas una preocupación erudita superior ciertamente a la de Rey de Artieda, y son más italianizantes; pero, como bien han demostrado Crawford [28] y Green [29], se orientan sobre todo hacia Giraldi Cinzio, el cual, como se sabe, era un reformador del teatro en

---

[25] A. DE ROJAS, *Viaje entretenido,* ed. A. Bonilla y San Martín, Madrid, 1915, pág. 495.

[26] O. H. GREEN, *Vida y obras de Lupercio Leonardo de Argensola,* Zaragoza, 1945, págs. 25 y 103.

[27] Probablemente remonta a López de Sedano la división en tres actos de las tragedias, que debían de estar divididas originariamente en cuatro actos, como se deduce de los siguientes versos del prólogo de la *Alejandra:*

> ... pero la edad se ha puesto de por medio
> rompiendo los preceptos por él (Aristóteles) puestos
> y, quitándome un acto que solía
> estar en cinco siempre dividida...

(Véanse *Obras sueltas de Lupercio y Bartolomé Leonardo de Argensola,* Madrid, 1889, I, pág. 168.) El editor, que es el conde de la Viñaza, consultó un manuscrito de la Biblioteca Nacional de Madrid, en el que las tragedias están divididas en cuatro actos.

[28] J. P. W. CRAWFORD, *op. cit.,* págs. 176-177.

[29] O. H. GREEN, *op. cit.,* pág. 103.

sentido senequista y contrarreformista, o hacia su seguidor Ludovico Dolce.

Green [30] ve en Argensola (que, por lo demás, a lo largo de toda su vida será un literato rígido y austero) la intención de escribir tragedias de clara impronta cristiana y fuerte matiz moralista. La fuerza dramática es inferior a la de Rey de Artieda: hay más declamación, mayor dureza expresiva y superabundancia de citas literarias [31], menor variedad métrica. Predominan claramente los metros italianos: tercetos y octavas [32].

El empleo simultáneo de metros italiano y españoles induce a Green [33], siguiendo los pasos de Crawford, a sostener la influencia de Juan de la Cueva —que, como es sabido, representó sus obras en los teatros de Sevilla entre 1579 y 1581 y las publicó en 1583 [34]— sobre Argensola. Tal hipótesis no nos convence en absoluto; antes bien, sentimos la necesidad de aclarar, llegados a este punto, algunos conceptos fundamentales y suprimir ciertos equívocos y prejuicios que, a nuestro parecer, han falseado la interpretación de la figura de Juan de la Cueva y la definición de su importancia histórica.

[30] *Ibíd.*, pág. 28.
[31] *Ibíd.*, págs. 115-116.
[32] *Ibíd.*, pág. 118.
[33] *Ibíd.*, pág. 118. Véanse también J. P. W. CRAWFORD, *Notes on the tragedies of L. L. de Argensola*, en «Romanic Review», V, 1914, págs. 31-44; A. HERMENEGILDO, *op. cit.*, págs. 335-389 y 574-577.
[34] J. P. W. CRAWFORD, *Spanish Drama before Lope de Vega*, cit., pág. 164. Las fechas de representación están indicadas en la misma *editio princeps* de Juan de la Cueva de 1583 y en la segunda edición de 1588, en la que se basa la moderna edición de F. Icaza, Madrid, 1917, 2 tomos.

Baste decir que se ha llegado incluso a escribir [35]
que Juan de la Cueva habría influido en el mismo
Rey de Artieda, mientras que es por todos sabido
que en 1577 y 1578, cuando Artieda componía *Los
amantes,* Juan de la Cueva se encontraba en Méjico
y no había emprendido todavía ninguna actividad teatral [36]. Llevados, sobre todo, por el carácter sugestivo
de los argumentos de algunas de sus obras inspiradas
en las leyendas nacionales, tales como *La muerte del
rey don Sancho, Los infantes de Lara, Bernardo del
Carpio,* y por su *Ejemplar poético,* de 1606, interpre-
tado como un elogio de la *comedia* y de sus propias
obras a un tiempo, se ha ido repitiendo demasiado a
menudo que Juan de la Cueva es el precursor del
teatro nacional, verdadero maestro de Lope de Vega,
el más grande de los dramaturgos españoles de la segunda mitad del xvi.

Llegaron oportunamente, por eso, en 1935, las precisiones de Bataillon [37], que expuso argumentos, a mi
juicio incontestables, contra el supuesto influjo del
sevillano sobre Lope de Vega, poniendo así en entre-
dicho la importancia histórica que le ha sido falsa-

[35] Así, A. F. VON SCHACK, *Historia del arte dramático,* tr. cit., I,
pág. 449; error durante largo tiempo propagado, si pensamos que,
en 1922, J. P. W. CRAWFORD, en la primera ed. de su cit. *Spanish
Drama,* etc., al rectificar la interpretación tradicional, lo hace con
cautela: «I find little evidence of acquaintance with the play of
Cueva» (pág. 165), y sólo en la segunda ed. (1937) afirma más
decididamente: «The play shows no definite influence of Juan de
la Cueva» (pág. 170).
[36] C. GUERRIERI-CROCETTI, *Juan de la Cueva,* etc., cit., páginas 29-31.
[37] M. BATAILLON, *Simples reflexions sur Juan de la Cueva,* en
«Bulletin Hispaniǘue», XXXVII, 1935, págs. 329-336, reimpreso
en M. BATAILLON, *Varia lección de clásicos españoles,* Madrid,
1964, págs. 206-213.

mente atribuida. En efecto, sus contemporáneos y
sucesores no lo conocen como poeta dramático; Cervantes no lo alude en tal sentido ni tampoco Lope,
y sólo cuatro versos le dedica Agustín de Rojas [38] para
atribuirle el mérito, que no le pertenece, de haber
introducido «figuras graves» de reyes y reinas en el
teatro [39].

Argumentar, como se ha hecho, sobre una gran rivalidad entre Cueva y Lope significa confiar exclusivamente en hipótesis no confirmadas por elemento
concreto alguno, y es, por otra parte, una tesis insos-
tenible si se piensa en las costumbres de Lope de
Vega, siempre más bien pródigo en elogios, incluso
para sus adversarios; aparte de la decisiva consideración de que basta leer los dramas de Juan de la Cueva
para darse cuenta de que es inadmisible en Lope de
Vega un sentimiento de celos o envidia hacia tales
obras. A nosotros nos parece realmente que Juan de
la Cueva fue un autor de segundo orden en la vida
literaria sevillana, y que Bataillon está en lo cierto
cuando dice que, simplemente, fue más afortunado
que otros para la posteridad por haberse cuidado de
publicar sus obras en una época en que el teatro no
gozaba de tal honor [40].

[38] A. DE ROJAS, *Viaje entretenido,* cit., pág. 495.
[39] H. J. CHAYTOR, *Dramatic theory in Spain,* Cambridge, 1925,
pág. 6.
[40] En el caso de los valencianos, la tardía publicación de sus
obras proviene, a nuestro juicio, precisamente del hecho de que
éstas fueron siempre consideradas por sus autores más como objeto
de representación que de lectura, como por lo demás ocurrirá a
Lope de Vega, que sólo en un estadio avanzado de su carrera teatral iniciará la recopilación de sus comedias en volúmenes. Las
principales colecciones de los autores valencianos son:
Doze / comedias / famosas de quatro / poetas naturales de la /

Por lo demás, quienes han escrito después de Bataillon sobre el teatro de Juan de la Cueva, no le han
restituido ya la importancia que la crítica de herencia
romántica le había atribuido. Así, por ejemplo, Guerrieri-Crocetti [41], aun considerando valiosos el *Ejemplar poético* y la conciencia crítica del sevillano, y
opinando que su producción representa un importante
punto de arranque para el teatro nacional del XVII,
afirma que «Juan de la Cueva fu soprattutto un lette-
rato, che visse soltanto i problemi dell'età sua e li
accettò con animo paziente... Nonostante certi motivi
di gusto popolare che premevano nel sottosuolo del

*insigne y coronada ciu/dad de Valencia. / Dedicadas a dō Luys
Ferrer y Cardona, del habito de Santiago Coadjutor / en el oficio
de Portantvezes de General Gouernador desta Ciudad y / Reyno
y Señor de la Baronia de Sos.* Con privilegio / En Valencia por
Aurelio Mey. 1608. / Vendense en casa Iusepe Ferrer Mercader
de libros delante la Diputacion y a su costa. (Comprende seis comedias de Tárrega, tres de Aguilar, dos de Guillén de Castro, una
de Miguel Beneyto.) La obra fue reimpresa el año siguiente en
Barcelona por Sebastián de Cormellas. Una tercera edición se hizo
en 1614 en Madrid por Miguel Serrano de Vargas y financiada por
el librero Miguel Martínez.
*Norte / de la Poesia / Española / illustrado del sol de doze /
comedias (que forman Segunda parte) de Laureados / Poetas
Valencianos: y de doze escogidas Loas, y / otras Rimas a varios
sugetos / Sacado a luz, ajustado con / sus originales por Aurelio
Mey. / Dirigido a Doña Blanca Ladron y Cardona, hija / Primo-
genita de Don Iayme Zeferino Ladron de Pallas, / Conde de Si-
narcas, Vizconde de Chelva, Señor / de Beniarbech, y Beniomer,
y Señor / de Payporta. / Año 1616 / Con privilegio / Impreso en
Valencia; En la Impresion de Felipe Mey. / junto a S. Iuan del
Hospital. / A costa de Iusepe Ferrer Mercader de libros delante
la Diputacion.* (Comprende tres comedias de Tárrega, cuatro de
Aguilar, cuatro de Ricardo del Turia y una de Carlos Boyl). No
hay, en cambio, vestigios de un *Jardín de comedias de poetas valencianos,* que Felipe Mey habría publicado en cinco tomos en
Valencia en el año 1585 y de que hace mención Schack (tr. cit.,
pág. 376, nota 1); probablemente no existió jamás (véase H. MÉRI-
MÉE, *op. cit.,* págs. 436-437).
    [41] C. GUERRIERI-CROCETTI, *op. cit.*

suo spirito non seppe staccarsi dal petrarchismo... sentí d'altra parte le esigenze di tutti quei problemi letterari che l'aristotelismo della Controriforma veniva suscitando nelle coscienze del tempo: arte di classe, inquadrata e disciplinata nel rigore delle unità, di dignità eroica e di un contenuto storico, didattico, morale... Tutte le sue opere, anche quelle teatrali, rappresentano lo sforzo disperato di realizzazione e di adattamento: sono esperimenti letterari, non creazione di aperta simpatia: presuppongono la regola, la legge, la ricerca, il modello, lo studio» [42]. Observaciones justísimas que, a nuestro juicio, confirman la debilidad y el carácter pasivo del pensamiento del sevillano y la falta de vitalidad teatral de su producción.

Ni siquiera Morby [43], proponiéndose demostrar —a través del examen de las indicaciones teóricas contenidas en la *Epístola dedicatoria a Momo* de la primera edición de su teatro (1583), además de aquellos fragmentos del *Viaje de Sannio* (1585), del primer *Coro Febeo,* de 1587, y del segundo *Coro Febeo,* inédito, que prepararían la más madura síntesis del *Ejemplar poético*— que la poética de Juan de la Cueva tiene una evolución coherente, consigue, a nuestro juicio, sustraer a Cueva de sus demasiado patentes contradicciones, las cuales se debían exclusivamente a la mediocridad de su espíritu. Por otra parte, el mismo Morby llega a escribir: «Cueva's own plays had already violated all his stated precepts» [44].

---

[42] *Ibíd.,* pág. 39.
[43] E. S. MORBY, *Notes on Juan de la Cueva: versification and dramatic theory,* en «Hispanic Review», VIII, 1940, págs. 213-218.
[44] *Ibíd.,* pág. 217.

Por último, el intento de Wardropper [45] de revalorizar a Juan de la Cueva no conduce a nada, porque el análisis que hace del *Don Sancho,* al intentar descubrir su valor dramático, se queda en un simple análisis de contenido, mientras que nos parece de dudoso sentido crítico la afirmación según la cual «Lope recusa el arte por la naturaleza, mientras que Cueva sólo permite que la naturaleza se asome a su teatro» [46].

Es verdad, en cambio, que las obras de Cueva nacieron, entre 1579 y 1581, como una experiencia juvenil de intención predominantemente culta, en conformidad, por lo demás, con el ambiente sevillano de aquellos años [47], donde una tradición teatral se había formado ya con Mal Lara [48] y otros, pero carente sin duda de una conciencia crítica teatral que la guiase. Mal Lara, con toda probabilidad, había tratado de hacer un teatro de tipo clasicizante, y Juan de la Cueva deja ver su falta de seguridad no sólo en el texto de sus dramas, sino también en el mismo *Ejemplar poético,* que suena, sí, como elogio de la *Comedia,* entonces (1606) triunfante, pero que es totalmente contradictorio. Lope se burla amablemente de las reglas en su *Arte Nuevo;* Juan de la Cueva busca en cambio el compromiso porque no sabe desvincularse

[45] B. W. WARDROPPER, *Juan de la Cueva y el drama histórico,* en «Nueva Revista de Filología Hispánica», IX, 1955, págs. 148-156.
[46] *Ibíd.,* pág. 152.
[47] C. GUERRIERI-CROCETTI, *op. cit.,* págs. 14 y ss. W. C. ATKINSON, *Séneca, Virués, Lope de Vega,* cit., pág. 112, piensa que Juan de la Cueva «is perhaps the most Senecan of all Spanish Senequists» en toda su producción y que «to separate as sheep from goats his plays on national heroic themes and his classical imitations is to confess to not having read them».
[48] M. GASPARINI, *Cinquecento spagnolo. Juan de Mal Lara,* Firenze, 1943, págs. 36 y ss.

de la regla, del precepto; en la transformación ideológica de la historia de su tiempo, adopta una actitud
más pasiva que activa, porque, si bien es cierto que
aplaude la novedad, demuestra no entenderla en su
más auténtico y profundo significado.

Por lo demás, sus obras teatrales revelan claramente
graves limitaciones; las comedias son embrolladas y
caóticas, sus dramas históricos, como bien ha observado Chaytor [49], «are loosely constructed, while his
characters are little more than lay figures declaiming
monologues», y lo mismo puede decirse de sus tragedias clasicizantes: los temas y personajes están tratados más épicamente que escénicamente: Juan de
la Cueva no tuvo un verdadero sentido del teatro. Creo
que precisamente por este motivo los contemporáneos
no lo tomaron en consideración, mientras que luego
las generaciones siguientes, desde el romanticismo en
adelante, lo han exaltado por el error crítico de ha-
berlo creído precursor del teatro lopesco, basándose
en el hecho de que había escogido algunas leyendas
nacionales, transmitidas por las crónicas y por los romances, para extraer de ellas el argumento de algunos
de sus dramas [50], considerados por la misma razón
«populares». Demasiado poco nos parece para considerar a Juan de la Cueva como el mayor dramaturgo
español de la segunda mitad del XVI y como el precursor de Lope de Vega.

Volviendo ahora, después de este necesario *excur-*

---

[49] H. J. CHAYTOR, *op. cit.*, pág. 7.
[50] Véase a este propósito y —en general— sobre la personalidad
de Juan de la Cueva F. LÁZARO CARRETER, «¿Juan de la Cueva
precursor?», en *Lope de Vega. Introducción a su vida y obra,*
Salamanca, 1966, págs. 165-169.

sus, a nuestro tema, nos parece poder afirmar que,
así como debe excluirse una influencia directa de Juan
de la Cueva sobre Rey de Artieda, del mismo modo
debe excluirse sobre Argensola, cuyas obras, contem-
poráneas de las del sevillano, nacen en un ambiente
cultural alejado y diferente. Tampoco el estudio de la
métrica puede convencernos de lo contrario. En efecto, Argensola usa estrofas y versos, como las quintillas y versos sueltos, el soneto y la lira, que Cueva no
usa nunca, y además emplea abundantemente los tercetos (45 por 100 en la *Isabela* y 20 por 100 en la
Alejandra), que Cueva usa siempre con un porcentaje más pequeño [51].

Sólo podemos poner en relación a los tres dramaturgos por la búsqueda común de un teatro literario,
siendo entre los tres indudablemente Rey de Artieda
el que posee mayor sentido de la escena y una más
consciente libertad de composición.

Elementos éstos que volvemos a encontrar en otro
poeta valenciano, Cristóbal de Virués, acerca del cual
la crítica ha insistido en general sobre dos puntos: el
fuerte influjo del senequismo de origen italiano en
su obra y el carácter moral de la misma [52]. Juicios aceptables sin más y sobre los que, por otra parte, orienta
el propio Virués en el *Prólogo* a la edición de 1609

[51] En todo caso, métricamente, Argensola se encuentra más cerca
de Virués. Para el examen de la métrica de estas obras, véase
S. G. MORLEY, «Strophes in the Spanish Drama before Lope de
Vega», en *Homenaje ofrecido a R. Menéndez Pidal,* cit., I, páginas 505-531.
[52] Sobre Virués es fundamental (además del capítulo de H. MÉ-
RIMÉE, *op. cit.,* págs. 324-361) C. V. SARGENT, *A study of the
dramatic Works of Cristóbal de Virués,* New York, 1930.

de sus obras [53]: «En todas ellas, aunque hechas por entretenimiento y en juventud, se muestran eroicos i graves exemplos morales, como a un grave i eroico estilo se deve», y que se desprenden de toda su producción, incluidas las obras líricas. El propósito moralista, como sabemos, no era extraño a la tradición valenciana, y aquí cobra un particular significado y una conciencia más precisa a través del estudio de la doctrina de Giraldi Cinzio [54].

Virués publicó cinco tragedias, que Mérimée considera escritas en el período de 1580-1586 [55]. Tenemos fechas más precisas, fijadas (pero no justificadas) por Moratín [56]; son éstas: 1579, *La gran Semíramis* y *La cruel Casandra;* 1580, *Atila furioso;* 1581, *La infelice Marcela* y *Elisa Dido.* Las fechas que Moratín atribuye al antiguo teatro español no son siempre atendibles, pero tampoco se puede decir que estén indicadas con superficialidad; en este caso concreto hay motivos, señalados por Cecilia Sargent, que las hacen considerar aceptables. Observa, en efecto, la estudiosa americana la circunstancia de que la *Alejandra* de Argensola tiene por tema una intriga cortesana, motivo común a todas las obras de Virués [57], y hace

---

[53] Se puede leer en E. JULIÁ MARTÍNEZ, «Observaciones preliminares» a *Poetas dramáticos valencianos,* cit., pág. LIII.

[54] C. V. SARGENT, *op. cit.,* págs. 134 y ss.

[55] H. MÉRIMÉE, *op. cit.,* pág. 331.

[56] L. FERNÁNDEZ DE MORATÍN, «Orígenes del teatro español», en *Obras,* Madrid, 1830, págs. 248-253, 257-259, 260-270.

[57] C. V. SARGENT, *op. cit.,* pág. 141: «It is a theme that occupied him always, it is found in each of his five plays and among his lyrics and is apparently drawn from the bitterness of his personal observations... Argensola, on the other hand, uses the theme but once. That the dominant note of a contemporary impresses a dramatist and comes to flower in a single composition is more probable

notar una alusión del prólogo de la *Isabela* que parece dirigida al autor de la *Elisa Dido* [58].

Ya que, como se ha visto, las dos tragedias de Argensola fueron compuestas alrededor de 1580-1581, las fechas de Moratín resultan razonablemente aceptables [59] y nos confirman la posición de iniciador, de innovador, que ocupa Virués y que le fue atribuida por alguno de sus contemporáneos [60]. Es precisamente

than that a single play of a contemporary so influences a dramatist that he follows its theme forever after.»

[58] *Ibíd.*, págs. 141-142: «One suspects a respectful reference to Virués in the prologue to *Isabela:*

> FAMA: *Yo con eternas letras registrados*
> *tengo los famosísimos varones*
> *que tras de la virtud se remontaron,*
> *unos por armas y otros por las letras,*
> *y los que por entrambas estas cosas.*
> *Ni a vosotras, mujeres, perseguidas*
> *de serpentinas lenguas os quedasteis*
> *(en colosos eternos levantadas)*
> *sin vuestras merecidas alabanzas;*
> *y, malgrado del gran Marón, tú, Dido*
> *entre las viudas castas te colocas.»*

[59] No nos parece necesario pensar que la *Elisa Dido,* debido a su carácter académico, sea anterior a las otras obras (así piensa C. V. SARGENT, *op. cit.,* pág. 144); antes, por el contrario, precisamente porque se presenta como una intensa búsqueda fuera de costumbre, puede pertenecer a cualquier momento de la actividad de Virués y ser un episodio aislado.

[60] Sobre todo, por Lope de Vega:

> *El Capitán Virués, insigne ingenio,*
> *puso en tres actos la Comedia, que antes*
> *andava en cuatro, como pies de niño,*
> *que eran entonces niñas las comedias.*
>   *(Arte Nuevo,* vs. 215-218.)

> *¡O ingenio singular! en paz reposa,*
> *a quien las Musas Comicas debieron*
> *los mejores principios que tuvieron.*
>   *(Laurel de Apolo,* silva IV.)

este reconocimiento, que tiene como máximo exponente a Lope de Vega, lo que nos hace poner en duda la interpretación habitual que reduce a Virués a un modesto representante del teatro senequista clasicizante. Es el propio Virués quien viene en nuestra ayuda, precisándonos sus intenciones: «En este libro ai cinco Tragedias de las cuales las cuatro primeras estan compuestas auiendo procurado juntar en ellas lo mejor del arte antiguo i de la moderna costumbre, con tal concierto i tal atencion a todo lo que se deue tener, que parece que llegan al punto de lo que en las obras del teatro en nuestros tiempos se deuria vsar» [61]. Cuando se propone hacer obra clasicizante, lo indica expresamente: «La ultima Tragedia de Dido, va escrita toda por el estilo de Griegos i Latinos con cuydado i estudio» [62]. Adviértase cómo Virués siente la necesidad de poner de relieve la diferencia, precisamente porque aquello era algo excepcional: una empresa extraña a sus intereses habituales.

En plena consonancia con el ambiente valenciano, advirtió cuando compuso sus obras el problema de su representabilidad: los mismos «horrores» tienen una explicación dentro de esta exigencia, así como la reducción de su materia a tres actos, que ofrece mayor dinamismo y evita la dispersión; y la presencia, en fin, de muchos elementos que muestran ya a estas obras alejadas del rigor teórico de la tragedia. Se observa esto especialmente en *La cruel Casandra* y *La infelice Marcela,* llamadas tragedias sólo por sus fi-

---

[61] E. JULIÁ MARTÍNEZ, «Observaciones preliminares» a *Poetas dramáticos valencianos,* cit., págs. LII-LIII.
[62] *Ibíd.,* pág. LIII.

8

nales funestos, pero que se caracterizan por un enredo
y por personajes que serán típicos de las *comedias* [63].

A este respecto, el análisis de las obras es significativo: Virués, en *Semíramis,* toma el argumento de
Justino y Diodoro Siculo, pero no tiene el escrúpulo
de atenerse a la historia; antes bien, añade muchos
detalles inventados, introduce elementos anacrónicos,
caracteriza con un gusto totalmente subjetivo y a base
de fuertes acentos moralistas el corrompido ambiente
cortesano e incorpora el juego, escénicamente interesante, de los disfraces.

En *Atila furioso,* que es una fábula con rasgos y
conclusión truculentos, situada en el habitual y corrompido ambiente de la corte, la fidelidad a la historia es todavía menor. Hay influencias directas de Séneca [64]; y en lo inseguro de los elementos combinados
y en la débil construcción del conjunto, abundan los
elementos novelescos. Baste pensar en el comienzo,
que parece el verdadero y propio principio de una
comedia: Gerardo ama a la reina, ésta ama a un paje
de corte que no es otro que Flaminia disfrazada y esta
última ¡es una muchacha que mantiene relaciones con
el rey Atila!

La cruel Casandra tiene como fondo una vaga indicación histórica, la corte de León; pero es una obra
totalmente de fantasía, con un complejo enredo sostenido por la diabólica crueldad de la protagonista,
la cual, por ambición y maldad, siembra la corte de

---

[63] Recuerda C. V. SARGENT, *op. cit.,* pág. 143, que ya F. BOUTER-
WEK, *History of Spanish Literature,* London, 1847, observaba «that
some of Virués' tragedies might almost be called *comedias*».

[64] C. V. SARGENT, *op. cit.,* págs. 93-97.

muertes, hasta que ella misma muere atravesada por una espada; todo esto representado con efectismos e incongruencias, pero no sin una cierta habilidad para crear *suspense.*

Por último, *La infelice Marcela,* con sus tonos menos violentos, con su vivacidad novelesca (sin que falten las escenas que la señora Sargent ha llegado a definir como *cuadros de costumbres* [65]), está directamente sacada de la caballería ariostesca.

Tan sentida está la necesidad de la dinámica escénica en Virués, que incluso en el experimento académico que es su *Elisa Dido* llega a introducir una acción secundaria, como es la pasión por Dido que sienten Seleuco y Carquedonio, a su vez amados por Ismenia y Delbora.

Nos parece haber demostrado suficientemente lo que tiene de absurdo considerar a Virués como un truculento escenificador de horrores y calificarlo, como ha hecho Ludwig Pfandl, de autor de *sangrienta fantasía, educada en los campos de batalla* [66]. El mismo análisis de la métrica nos da idea de un Virués innovador, que, alejado de la pedantería retórica, mezcla metros de la tradición española con metros italianos: es el primero que usa el *romance,* y precisamente en *La infelice Marcela* [67]; por otra parte, es bastante variado en la alternancia de los versos [68].

---

[65] *Ibíd.,* pág. 106.

[66] L. Pfandl, *Historia de la literatura nacional española en la Edad de Oro,* Barcelona, 1952, pág. 115.

[67] Este particular fue notado por S. G. Morley en su documentado ensayo sobre *Strophes in the Spanish Drama,* etc., cit., página 523.

[68] H. Mérimée, *op. cit.,* págs. 306-361, ha indicado en un *Tableau de mètres* la sucesión de los metros en las diferentes trage-

A nuestro juicio, la preocupación por la representabilidad era en él superior a la del respeto a abstractas reglas; estamos, por lo demás, en los años en que los espectáculos se iban intensificando y en que se hacía sentir más aguda en los literatos la necesidad de dominar el nuevo género, que, naturalmente, no podía prescindir de las exigencias del público [69].

En Valencia se advierte la necesidad de un teatro estable y, en septiembre de 1582, se le reconoce al hospital el derecho de monopolio sobre los espectáculos [70]; se habilita para ello la sala de la *Confraría de Sant Narsis,* en tanto que se transforma en teatro *La*

---

dias. En la *Semíramis,* el metro varía, respectivamente, en los tres actos, 11, 15 y 10 veces; en *La cruel Casandra,* 7, 9 y 9 veces; en *Atila furioso,* 4, 8 y 28 veces; en *La infelice Marcela,* 9, 5 y 6 veces. Para este y otros aspectos de los dramas de Virués, véase también W. C. ATKINSON, *Séneca, Virués, Lope de Vega,* cit., páginas 111-131.

[69] Cervantes debió de advertir, como una «novedad» recientemente desarrollada y que le era desconocida, esta unión entre literatura y escena, cuando, de vuelta de la prisión, desembarcó en Valencia a finales de octubre de 1580, y allí vivió poco más de un mes antes de llegar, a mediados de diciembre, a Madrid (L. ASTRANA MARÍN, *Vida ejemplar y heroica de Miguel de Cervantes Saavedra,* Madrid, 1951, III, págs. 107-113).
Ha llamado la atención sobre la importancia cultural de esta estancia E. JULIÁ MARTÍNEZ, «Observaciones preliminares» a las *Obras de Timoneda,* cit., III, págs. XVI-XVIII, indicando la probable amistad entre Cervantes y el escritor-librero Timoneda. El mismo Juliá ha vuelto a insistir más tarde sobre el particular (E. JULIÁ MARTÍNEZ, *Estudio y técnica de las comedias de Cervantes,* en «Revista de Filología Española», XXXII, 1948, págs. 339-365), pero sin desarrollar sus observaciones. El problema se debería profundizar como en general —pensamos— toda la historia del teatro cervantino. La poética teatral del autor de la *Numancia* debería ser también reexaminada. Por lo que se refiere a esta última, observaremos sólo de pasada que quizá se ha exagerado en interpretar un capítulo del *Don Quijote* (I, 48) como un hecho exclusivamente polémico contra Lope de Vega y su *comedia.*
[70] H. MÉRIMÉE, *Spectacles et comédiens à Valencia,* cit., pág. 23.

Casa de la Olivera, que es inaugurada el 22 de junio
de 1584 [71]; poco después, se adapta para el teatro *La
Casa dels Santets,* empleada como sala suplementaria
en el caso de que se encontrasen en Valencia dos
compañías a la vez [72]. La instalación de estos teatros es
la prueba más segura de la gran importancia que habían alcanzado en Valencia las representaciones de los
autores de que hemos hablado, y, probablemente, de
algún otro del cual no nos ha quedado testimonio alguno por no haber sido impresas sus obras. Fue también frecuente la actuación de compañías italianas; de
algunas tenemos testimonios seguros en los documentos recogidos por Mérimée; tres, por ejemplo (entre
ellas la del famoso Bottarga), representan allí en 1583,
una en 1585 y otra en 1589 [73].

Un mayor desarrollo debía de tener la tradición que
se había constituido en Valencia con la aparición de
la figura del canónigo Tárrega. Se ha convertido en
un lugar común de la historia de la literatura considerar al canónigo Tárrega como perteneciente a la
escuela lopesca, y no cabe duda de que la responsa-
bilidad de esta interpretación se remonta en primer lugar a Mérimée, el cual sostuvo que el canónigo se
formó, junto con Aguilar, Boyl y Ricardo del Turia,
en el ejemplo de Lope de Vega tras la llegada de éste
a Valencia [74]. Que tal interpretación se ha incorporado
como hecho firme a la historiografía, parece evidente
si se observa que Crawford, en su libro sobre el dra-

[71] *Ibíd.,* pág. 27.
[72] *Ibíd.,* págs. 30-32.
[73] *Ibíd.,* págs. 126-127.
[74] H. Mérimée, *L'art dramatique à Valencia,* cit., págs. 426 y ss.;
págs. 454-488.

ma español anterior a Lope de Vega, no aludió siquiera a Tárrega porque evidentemente lo consideraba
como un simple discípulo del Fénix. Pero la cronología desmiente esta interpretación, y de ello parece
haberse dado cuenta Valbuena Prat cuando escribe:
«Se ve por la misma cronología que era más un pre-
lopista de la anterior generación que un discípulo del
creador de *Peribáñez*, y muchos de esos aspectos se
notan en sus comedias heroicas y de tema contemporáneo.» Sin embargo, el crítico no extrae de su observación las oportunas consecuencias [75].

En efecto, Tárrega, que nace entre 1553 y 1555 [76],
ya de joven debió de dedicarse a la actividad poética
y dramática, dado que, en la colación del beneficio
de la capilla de San Pablo de la catedral de Valencia,
de 8 de enero de 1577, se alude a él como escritor [77].
No nos parece, por tanto, aceptable la idea de Mérimée, según la cual el canónigo habría esperado a la
revelación teatral lopesca de 1589 para dedicarse a la
escena [78]. Añádase a esto que, aunque no es imposible,
tampoco parece fácilmente creíble que Tárrega iniciase
su carrera teatral sobre los treinta y cuatro o treinta
y cinco años de edad.

Sólo Serrano Cañete y Juliá Martínez han sostenido
la originalidad de Tárrega [79]. A nosotros nos parece

---

[75] A. Valbuena Prat, *Historia de la literatura española*, cit., II,
pág. 368.
[76] J. Serrano Cañete, *El canónigo Francisco Agustín Tárrega,
poeta dramático del siglo XVI*, Valencia, 1889, pág. 10.
[77] *Ibíd.*, pág. 17.
[78] H. Mérimée, *op. cit.*, pág. 457.
[79] J. Serrano Cañete, *op. cit.*; E. Juliá Martínez, «Observaciones preliminares» a *Poetas dramáticos valencianos*, cit., pági-

que, por los elementos mismos que nos ofrece Mérimée, se puede fácilmente llegar a demostrar la incongruencia de sus conclusiones; éstas nos parecen no tanto deducidas de los hechos como inducidas por la idea preconcebida de un Lope creador absoluto y prodigioso de la *comedia.*

Mérimée atribuye a 1589, año que piensa fuera el de la llegada de Lope a Valencia, *El prado de Valencia,* de Tárrega[80]. No se comprende cómo, apenas llegado a Valencia, pudo Lope influir sobre un poeta local hasta el punto de conducirlo inmediatamente a escribir una obra de indudable madurez y experiencia, aparte el hecho, que está aún por demostrar, de que Lope, en 1589, tuviera ya configurada la idea de lo que va a ser la *comedia* y de que hubiese escrito ya algunas; por el contrario, esta hipótesis debe excluirse, como más adelante demostraremos.

Por otra parte, no es nada probable que *El prado de Valencia* sea la primera obra escrita por Tárrega; antes bien, el examen de las estructuras y de la versi-

na LXXVII. Véase también del mismo autor *Lope de Vega y Valencia,* en «Las Ciencias», II, 1935, y separata, Madrid, 1935, pág. 6.

[80] H. MÉRIMÉE, *op. cit.,* pág. 519. No nos parece probante la argumentación de C. BRUERTON, *La versificación dramática española en el período 1587-1610,* en «Nueva Revista de Filología Hispánica», X, 1956, págs. 337-364, que se inclina a trasladar la fecha de composición de *El prado de Valencia* al año 1590. Mérimée la había fijado partiendo de una alusión del texto a la epidemia de Valencia de 1588-89. Bruerton opina: «la severa epidemia no caería tan pronto en el olvido» (pág. 349). Pero en la comedia se habla de la epidemia como de cosa presente: ... *partes / de tierra do hay pestilencia (Poetas dramáticos valencianos,* cit., I, pág. 183-b), y no como de un suceso pasado aunque reciente. J. SERRANO CAÑETE, *op. cit.,* pág. 40, ya había observado, por lo demás, una alusión a un hecho histórico de 1586 (una empresa del corsario Francis Drake) y había opinado que la comedia, basándose en su alusión a la peste, era de 1588.

ficación nos induce a creer que, por lo menos otras
dos obras (de las tres que el mismo Mérimée, partiendo del análisis de la métrica, considera las más antiguas), son anteriores al *Prado* [81]. Estas son: *La duque-*

[81] Para H. Mérimée, *op. cit.*, pág. 532, las cuatro comedias más
antiguas son: *El prado de Valencia, La perseguida Amaltea, Las
suertes trocadas y torneo venturoso y La duquesa constante.*
   Mi parecer sería excluir *La perseguida Amaltea*, más elaborada
y literariamente más convencional, con la métrica regulada por una
medida y un orden típicos de la que se debe considerar producción
más tardía de Tárrega. De todos modos, por lo que pudiera servir
para una fechación también, indico la sucesión de los metros de
Tárrega, enviando al lector por lo que se refiere al análisis cuan-
titativo de los mismos a C. Bruerton, *La versificación dramática
española en el período 1587-1610*, cit.
   La duquesa constante: I. Coplas reales - Sueltos - Redondillas -
Coplas reales.—II. Coplas reales - Soneto - Coplas reales - Romance - Coplas reales - Octava - Coplas reales.—III. Quintillas - Redondillas - Octavas - Coplas reales - Sueltos - Coplas reales - Tercetos - Coplas reales - Redondillas - Romance - Redondilla - Romance - Redondillas - Sueltos - Redondillas - Quintillas.
   El esposo fingido: I. Redondillas - Coplas reales - Redondillas -
Coplas reales.—II. Coplas reales - Soneto - Coplas reales - Redon-
dillas.—III. Coplas reales - Redondillas - Romance - Redondillas -
Coplas reales - Quintilla.
   El prado de Valencia: I. Redondillas - Sueltos con eco - Redon-
dillas.—II. Coplas reales - Octavas - Coplas reales - Redondillas -
Octavas - Redondillas.—III. Redondillas - Romance - Redondillas -
Soneto - Coplas reales - Quintillas - Redondillas - Sueltos - Redon-
dillas.
   Las suertes trocadas: I. Redondillas - Octavas - Redondillas -
Soneto - Redondillas - Soneto - Redondillas - Romance - Redon-
dillas.—II. Octavas - Redondillas.—III. Octavas - Redondillas -
Romance - Redondillas - Octavas - Redondillas - Octavas.
   La perseguida Amaltea: I. Quintillas - Redondillas - Quintillas -
Redondillas - Quintillas.—II. Redondillas - Quintillas - Redondi-
llas.—III. Quintillas - Redondillas - Quintillas - Soneto - Quinti-
llas - Redondillas.
   El cerco de Rodas: I. Quintillas - Romance - Quintillas.—
II. Quintillas.—III. Quintillas - Romance - Quintillas.
   El cerco de Pavía: I. Quintillas - Romance - Redondillas.—
II. Redondillas.—III. Romance - Redondillas - Romance - Redon-
dillas.
   La Orden de la Merced: I. Quintillas - Romance - Sueltos - Re-

sa constante y *Las suertes trocadas y torneo venturo-so.* Además, en nuestra opinión, también *El esposo fingido* pertenece a la primera producción de Tárrega.

La duquesa constante revela en el enredo la influencia de la «commedia» y de la «novellistica» italianas, y presenta semejanzas con *La infelice Marcela* de Virués. Basta observar la trama de la comedia, cuya acción está ambientada en Italia, para darse cuenta de su carácter [82] y para advertir los puntos de contacto

dondillas - Quintillas.—II. Quintillas.—III. Quintillas - Romance - Quintillas.
    La enemiga favorable: I. Octava - Quintillas - Octava - Quintillas.—II. Quintillas.—III. Quintillas.
    La sangre leal de los montañeses de Navarra: I. Romance - Quintillas.—II. Quintillas.—III. Quintillas.
    [82] El duque Valentino, al salir para España, confía su esposa Flaminia a la custodia de su gobernador Torcato, al cual entrega un sobre que contiene la orden de matar a Flaminia en el caso de que él no pudiera regresar. Torcato, que alimenta una turbia pasión por Flaminia y que ha urdido una maquinación para que el duque sea detenido en España, trata de conquistar a la mujer confiada a su custodia, quien, sin embargo, fiel a su marido, le resiste.
    Torcato ha alejado a su mujer Lucrecia, mandándola al campo, para poder actuar más libremente; ésta, favoreciendo un amor pastoral del joven Ganimede, lo pone de su parte y logra persuadirlo para que vaya a España a informar al duque de que su esposa lo traiciona con Torcato, como ella cree. Pero no hay necesidad de que vaya, porque el duque ha conseguido sustraerse a las insidias que lo detenían en España, y después de haber hecho estancia en Génova, naufraga, pero logra llegar a tierra sano y salvo, precisamente a la playa donde vive Ganimede. Éste le revela la supuesta traición de su mujer.
    Entre tanto, Torcato, enterado por un mensajero venido de Génova de la próxima llegada del duque, hace beber a Flaminia una poción que ha mandado preparar como veneno, y le lee la orden contenida en el sobre que le había entregado su marido, haciéndole creer que éste no volverá más. Luego da muerte con sus propias manos al mensajero, y la misma bebida que ha dado a la duquesa se la da también a su servidor Octavio para eliminar un testigo. Pero éste se había cuidado personalmente de preparar la poción, y había hecho que no fuese venenosa, sino sólo somnífera.
    Fácil es de preveer el feliz desenlace y el castigo que el duque

con la citada obra de Virués: el motivo de la traición de Torcato, a quien el duque, su señor, había confiado, al partir, su esposa (también en *La infelice Marcela,* Alarico, encargado de la custodia de la protagonista, quisiera violentarla); el del naufragio, el del veneno (que allí mata y que aquí sólo adormece). Elementos todos de tradición «novellistica», ya presentes en buena parte del teatro precedente, pero que aquí están elevados a una más estricta dignidad expresiva y a mayor coherencia dramática.

El encuentro entre los elementos de vitalidad escénica y dignidad literaria se ha realizado: Tárrega es, a un tiempo, hábil *metteur en scène* y brillante, placentero literato; fueron las cualidades que lo distinguieron como académico de *Los Nocturnos*[83]. Cervantes, en el «Prólogo» de sus *Comedias,* nota como rasgos dominantes de Tárrega «la discreción e los innumerables conceptos»[84].

Métricamente, *La duquesa constante* es la más variada de las comedias; emplea —y sólo en ella ocurre— lo mismo tercetos que versos sueltos, y las quintillas son en su mayoría coplas reales (como en Artieda). Este uso abundante de las quintillas (70 por 100), y casi exclusivamente en la forma de coplas reales, se encuentra en *El esposo fingido,* que tiene claramente su origen en la narrativa, y donde se recurre a elemen-

ordena para el culpable. El final es, sin embargo, suave, porque el buen Tárrega, en los últimos versos, insinúa la posibilidad de que la intercesión de la fuerte pero generosa Flaminia libre a Torcato de la pena capital.

[83] E. JULIÁ MARTÍNEZ, «Observaciones preliminares» a *Poetas dramáticos valencianos,* cit., pág. LXXIV.

[84] M. DE CERVANTES, «Prólogo» a las *Ocho comedias,* etc., cit., I, pág. 8.

tos de fuerte emotividad que dejan ver ecos de Virués y de su gusto senequista, como, por ejemplo, la crueldad femenina de Clodosinda, la escena en la que Teodosia es marcada a fuego, el empleo de veneno, el traslado del cadáver de Clodosinda a la que está atado el cuerpo vivo de Teodosia con la boca apretada por tenazas (si bien después se descubre que la marca a fuego era fingida, que Clodosinda sólo había sido adormecida por la poción bebida, no envenenada, y las dos mujeres son encontradas vivas en el sepulcro en el que habían sido abandonadas: la aparente tragedia se resuelve en pura comedia).

Totalmente cómica es la trama de *Las suertes trocadas;* la comedia tiene un desarrollo lento, sirviéndose de largos relatos y monólogos: un complicado enredo se desarrolla mediante amores mezclados con los celos de costumbre y habituales cambios de objetos entre los protagonistas que dan lugar a equívocos. La parte más declaradamente cómica es sostenida por la figura del *estudiante pobre,* que no se encuentra en ninguna otra comedia excepto en la de *La duquesa constante,* quizá como recuerdo de su experiencia en Salamanca, donde Tárrega había estudiado alrededor de 1576 [85], recuerdo todavía vivo al comienzo de su carrera teatral.

En la comedia abundan las escenas bufonescas, como los debates entre Sabina, Camilo, Enrico y el Conde, las de la locura del Conde, del cambio de trajes entre el Conde y el estudiante, de la batalla que el Conde libra con el príncipe Faustino utilizando un

[85] H. MÉRIMÉE, *op. cit.,* pág. 458.

bastón como arma y la escena final, consistente en un torneo espectacular, con rasgos de farsa.

Nos parece que una obra como ésta ha extraído múltiples aspectos de la comedia italiana triunfante entonces por España, y que es un claro intento de decidida fusión entre literatura y materia mímica, con explícita renuncia en la parte literaria a los tonos graves de un Artieda o de un Virués; se han desarrollado en ella aquellos elementos que los dos citados autores sentían como esenciales para el éxito teatral, pero que no lograron fundir bien a causa de ciertas pretensiones áulicas impuestas por el género trágico elegido.

El sistema métrico de *Las suertes trocadas,* que ha reducido mucho el empleo de los metros italianos, conservados sólo en algunas octavas y en dos sonetos, alterna redondillas y romances, lo que significa que Tárrega ha seguido el ejemplo de Virués, en especial de *La infelice Marcela,* simplificando o haciendo más ágil el movimiento escénico y la recitación, al reducir el porcentaje de las octavas (del 16 al 3,7 por 100) y al eliminar los versos sueltos [86].

En plena conformidad con su espíritu sereno, no muy profundo pero indudablemente cordial y vivaz

---

[86] Pongo aquí, para comodidad de confrontación, los esquemas métricos:

VIRUÉS, *La infelice Marcela:* I. Octavas - Octavas con quebrados - Sueltos - Romance - Sueltos - Redondillas - Sueltos - Redondillas - Octavas.—II. Tercetos - Redondillas - Sueltos - Redondillas - Sueltos.—III. Octavas - Redondillas - Sueltos - Redondillas - Octavas con quebrados - Octava.

TÁRREGA, *Las suertes trocadas:* I. Redondillas - Octavas - Redondillas - Soneto - Redondillas - Soneto - Redondillas - Romance - Redondillas.—II. Octavas - Redondillas.—III. Octavas - Redondillas - Romance - Redondillas - Octavas - Redondillas - Octavas.

y no exento de agudeza [87], Tárrega inicia verdaderamente lo que llamamos la *comedia* española. *El prado
de Valencia* parece obra segura y de madurez por el
feliz equilibrio de los elementos que la componen: la
pintoresca representación del ambiente local que crea
una oportuna perspectiva escénica y psicológica en
que se sitúan los personajes, el sutil juego galante de
amores y celos, los mismos recursos novelescos, como
el simulado ataque de los moros, que resuelve el
asunto. Muchos son los motivos que hacen de esta
obra ya una verdadera *comedia:* el tema del amor
como fundamento de toda la acción; la presencia del
sentimiento del honor, si bien éste no irrumpe en las
formas agudas que serán propias del teatro del siglo XVII [88]; la figura de Don Juan, que es la de un
galán [89] en el sentido exacto de la palabra; el ritmo
creciente del movimiento escénico; la brillantez a menudo conceptuosa del lenguaje, la duplicidad de la
intriga amorosa, que adquiere un mayor interés con
la inserción de las figuras del Capitán y de la desenfadada y simpatiquísima Beatriz, utilizada por el poeta
para poner en marcha los equívocos que mueven la

[87] A este respecto, véase H. Mérimée, *op. cit.,* pág. 484.
[88] Por lo demás, esto se ajusta perfectamente a la naturaleza misma de la psicología y de la moralidad de Tárrega, lejos una y otra
de toda tensión violenta o expansión heroica: el canónigo evita
asumir tonos admonitorios, y trata de introducir su moralismo en
la acción y en el carácter de los personajes. El drama existe, pero
está presentado con discreción.
[89] Y así lo llama el mismo Tárrega:

> LAURA: *... Espera, don Juan.
>   ¿Que te vas?...*
> BEATRIZ: *... Este galán
>   sueña, a mi ver, y no duerme.*
> (*Poetas dramáticos valencianos,* cit., I, pág. 185.)

acción y también para poner en su boca un sabroso
moralizar que debía de gustar al público, haciéndolo
participar de un modo más intenso en el espectáculo [90].

Y aún más: en *El prado de Valencia*, el papel de
mayor comicidad es confiado a un *lacayo*, que, sin tener todas las prerrogativas del *gracioso*, posee ya las
fundamentales de ser servidor del protagonista y afi-
cionado al vino.

Es jocosa la figura de Felicia, la madre beata: una
acertada caricatura que da color a la escena. El lenguaje empleado por los personajes alterna momentos
de más fuerte tensión lírica —no sin ecos o citas cul-
tas, muchas de ellas procedentes del *Orlando furioso*— con momentos de un más inmediato y vigoroso
realismo.

Desde el punto de vista métrico, *El prado de Valencia* emplea los metros que luego predominarán en
la *comedia* española: redondillas, quintillas, romance,
octavas, soneto, versos sueltos, con una decidida preferencia en el uso de las quintillas (según habíamos

[90]   BEATRIZ: *Dios bendiga el noble seso*
                    de las españolas vanas,
                    que, como son livianas,
                    han menester poco peso.

                    Presto querrán estas mayas,
                    para mostrarse a las gentes,
                    que las hagan transparentes
                    las camisas y las sayas.

                    Trasluzan sus invenciones,
                    ques de sus galas provecho;
                    sólo no trasluza el pecho,
                    por no mostrar corazones.
                                    (*Ibíd.*, I, pág. 205.)

notado ya en *El esposo fingido*) por el esquema de la copla real.

Esta preferencia no se advierte en las otras obras de Tárrega, como en general no se encuentra en el más importante teatro español de los últimos años del siglo XVI ni del siglo XVII, y es motivo de que las otras obras que se conservan de Tárrega, con el esquema métrico simplificado en quintillas, redondillas y romances, con algún que otro raro soneto y escasas octavas y —en una ocasión— endecasílabos sueltos, se consideren posteriores a las ya examinadas.

Aparte la métrica, cuyo estudio es ciertamente utilísimo e ineludible para todo investigador que se ocupe del teatro español, pero que no puede considerarse como criterio exclusivo para resolver problemas de fechación o atribución, otras muchas observaciones podrían hacerse acerca del teatro de Tárrega, analizando el resto de su producción, pero no es esto ahora nuestro fin [91].

---

[91] Sólo observaremos que, en las demás obras, se va enriqueciendo el campo de las experiencias de Tárrega: en *El cerco de Pavía* es la historia la que ofrece la materia dramática, si bien no falta una intriga amorosa como trama secundaria. En *El cerco de Rodas,* la relación entre los elementos de composición se invierte, y la intriga sentimental priva sobre la acción histórica del asedio de los caballeros de San Juan en la isla de Rodas, a principios del siglo XIV. De igual modo cede la historia en favor del enredo verosímil en *La sangre leal de los montañeses de Navarra.* En el único drama sagrado de Tárrega: *La fundación de la Orden de N. S. de la Merced,* es mayor, naturalmente, el respeto a lo que las crónicas ofrecían acerca de la vida de Pedro Armengol, y el interés de Tárrega se concentra en la disposición calculada de los episodios y en la creación de efectos escénicos espectaculares. Acorde con el gusto del enredo de clara procedencia «novellística» es *La enemiga favorable,* cuya fuente literaria es, sin duda, la traducción de un cuento de Bandello que se encuentra en *Historias trágicas exemplares, sa-*

Sin embargo, consideramos que debe realizarse un estudio atento y minucioso del tema, y estamos seguros de que podrá dar nuevas indicaciones útiles para calificar a un autor injustamente sacrificado por la crítica. A nosotros, por ahora, nos basta con haber comprobado, a través del examen de aquellas obras suyas que razonablemente pueden considerarse como más antiguas, la consecución por Tárrega de un tipo de espectáculo escénico que presenta las características fundamentales de la *comedia* española.

Junto al nombre de Tárrega, los contemporáneos ponen generalmente el de Gaspar de Aguilar; Cervantes cita juntas, como ejemplos de comedias libres de «disparates» y compuestas por «entendidos poetas», *La enemiga favorable,* de Tárrega, y *El mercader amante,* de Aguilar [92]; y Lope de Vega, en la *Arcadia,*

cadas del *Bandelo Veronés,* Medina del Campo, 1586 (Hist. VI). De la novela pastoril viene *La perseguida Amaltea.* Las características métricas de *Los contrarios de amor* [en *Obras de Lope de Vega,* Madrid, 1916, I, págs. 74-116. De aquí en adelante indicaremos siempre con la sigla Acad. N. la edición de la Real Academia Española en 13 vols. (1916-1930) de las *Obras de Lope de Vega,* mientras indicaremos con la simple sigla *Acad.* la edición más antigua en 15 vols. (1890-1913) cuidada por Menéndez Pelayo], atribuida por E. Cotarelo y Mori (Acad. N., I, pág. VII) y por H. A. Rennert (en «Modern Language Review», XIII, 1918) a Lope de Vega, han hecho pensar a S. G. MORLEY y C. BRUERTON, *op. cit.,* págs. 268-269, que podría ser de Tárrega. Éstos excluyen que sea de Lope de Vega (por su excesiva longitud: 3902 versos frente a los 3584 de *El hijo venturoso,* que es la comedia auténtica de Lope más larga). Sin embargo, los autores añaden: «More study would be necessary to prove even if it were possible that Tárrega wrote *Los contrarios de amor.*» El problema merece, en efecto, un estudio aparte, si bien, a nuestro parecer, la impresión que se saca de la lectura es la de estar ante una obra que no tiene elementos en común con la producción conocida de Tárrega.

[92] M. DE CERVANTES, *Don Quijote,* I, 84 (ed. R. Schevill-A. Bonilla y San Martín, cit., II, pág. 348).

reúne los retratos de los dos autores en el templo sagrado de la inmortalidad («al canónigo Tárrega, al valenciano Aguilar» [93]); un recuerdo más preciso les dedica en el *Laurel de Apolo* [94]:

> Al siempre claro Turia
> hiciera Apolo injuria,
> si no ciñera de oro justamente
> del canónigo Tárrega la frente,
> que ya con su memoria alarga el paso
> para subir al palio y al Parnaso
> con Gaspar Aguilar, que competía
> con él en la dramática poesía.

Mientras que, en el caso de Tárrega, nos ha sido posible indicar de un modo aproximado el comienzo de su producción (la cual, por lo demás, se cierra en el breve espacio de pocos años; apenas ingresa en el umbral del nuevo siglo, pues Tárrega murió en 1602), por lo que se refiere a Aguilar encontramos mayor dificultad en establecer la cronología de sus obras, ya que, siendo unos seis u ocho años más joven que Tárrega, vivió hasta 1623.

Para clasificar cronológicamente su producción, Mérimée se valió sobre todo del estudio de la métrica, que es un elemento significativo, aunque, como ya observamos, no puede ser considerado como único y capaz de excluir otros criterios. La abundancia de endecasílabos sueltos y de tercetos hace suponer a Mérimée que *La gitana melancólica* es la comedia más

[93] L. Vega Carpio, *La Arcadia*, V, en *B. A. E.*, XXXVIII, página 130.
[94] L. Vega Carpio, *Laurel de Apolo*, silva II, en *B. A. E.*, XXXVIII, pág. 195.

9

antigua de Aguilar[95]; se desarrolla en un ambiente histórico, pues narra un asunto amoroso durante el asedio de Jerusalén por el emperador Tito, y es una obra de movimiento bastante desordenado[96].

Más significativa resulta la comedia de *El mercader amante*[97], que es ciertamente anterior a 1605, puesto que Cervantes la recuerda en la primera parte del *Quijote*. Esta comedia, en efecto, no sólo es más lograda artísticamente, sino que se mueve con claridad en el ámbito de la tradición valenciana. Se representa en ella un episodio de vida burguesa: el mercader Belisario, indeciso entre el amor de dos jóvenes mujeres, Labinia y Lidora, se finge pobre y puede así comprobar la naturaleza calculadora e interesada de Lidora, que lo abandona, y la fiel devoción de Labinia. Terminará casándose con esta última, que resiste al asedio de Don García, un noble que quiere superar a su rival valiéndose de su mayor prestigio social. Trama simple, desarrollada con elegante soltura de movimientos y amenizada con la introducción de personajes menores, como el egoísta padre de Labinia y las figuras de los siervos.

El mayor interés del autor se concentra en la representación psicológica de los personajes (todos bien

[95] H. MÉRIMÉE, *op. cit.*, pág. 538.
[96] El esquema métrico de *La gitana melancólica* es el siguiente: I. Quintillas - Romance - Sueltos - Redondillas - Quintillas - Sueltos - Quintillas.—II. Tercetos - Quintillas - Redondillas - Sueltos - Quintillas - Sueltos.—III. Quintillas - Redondillas - Sueltos - Quintillas - Tercetos - Quintillas.
[97] Esquema métrico de *El mercader amante:* I. Quintillas con algunas coplas reales - Redondillas - Romance - Quintillas - Sueltos - Quintillas - Redondillas.—II. Redondillas - Quintillas - Redondillas.—III. Quintillas - Redondillas - Quintillas - Redondillas.

caracterizados individualmente), aunque se inclina más a proporcionar un retrato de costumbres que a perfilar tipos. Aguilar se muestra fino observador de la realidad humana y sutil recreador de la misma en elegantes elementos de diálogo escénico (obsérvese, por ejemplo, el empleo alusivo y conceptuoso de los términos de la profesión mercantil aplicados a la actividad amorosa).

Tampoco en él el tema del honor se presenta con caracteres exacerbados: está atenuado por una cordialidad humana que sabe acercarse de un modo simple al ánimo popular y burgués, al cual son extraños los grandes conflictos espirituales.

Se ha observado [98] que Aguilar carece de matices al tratar la psicología femenina, pero no se le puede inculpar por esto: es un rasgo común a la conciencia de la época, que limitaba las posibilidades de la mujer a unos pocos sentimientos elementales; en el teatro español, la mujer aparecerá siempre espiritualmente pobre. Sólo alguna que otra vez, la norma será infringida con clara intención, presentándose entonces la figura de la protagonista, por su misma condición excepcional, como particularmente idónea para una función ejemplar [99].

Por eso, el estudio de los personajes será sobre todo estudio de figuras masculinas; en *La suerte sin esperanza,* lo que va a interesar principalmente a Aguilar es el caso de conciencia del protagonista,

---

[98] H. MÉRIMÉE, *op. cit.,* pág. 499.
[99] Es el caso, por ejemplo, de *La prudencia en la mujer,* de Tirso de Molina (véase, a este respecto, G. MANCINI, *Caratteri e problemi del teatro di Tirso,* cit., págs. 34, 49-50).

como, por lo demás, le ocurre a Tárrega, cuya comedia *El esposo fingido* trata un caso análogo de bigamia. Es cierto que Tárrega resulta más intenso y dramático, pero, repetimos, Aguilar es preferentemente intérprete de sentimientos comunes y su estilización escénica resulta más acusada.

Así ocurre también en *La venganza honrosa,* donde una adúltera es muerta por su marido con la plena aprobación del padre de ella; todo sucede sin tensión trágica ni heroísmo intenso. Y no es, como dice Mérimée, «un drame bourgeois» que «prétend montrer le sort habituellement réservé aux épouses infidèles» [100], sino algo que dramáticamente brota de la reflexión sobre el contraste entre norma constituida y pasión humana. Esto no por un moralismo apriorístico, sino por adhesión profunda a aquellas mismas normas ético-sociales, que para Aguilar valen en la vida más que todos los sentimientos y las pasiones:

porque la mujer honrada,
quiere por estar casada,
mas no por querer se casa [101].

De igual modo, también cuando el poeta aborda temas solemnes, como, en *Los amantes de Cartago,* el mítico amor de Sofonisba y Masinisa, la antigua historia es tratada sin peso de erudición y atraída a la problemática moral contemporánea.

Sin adentrarnos en un análisis minucioso del teatro

[100] H. MÉRIMÉE, *op. cit.,* pág. 501. Sobre los dramas de Aguilar, véase también L. M. ARIGO, *Gaspar de Aguilar. Estudio biográfico y bibliográfico,* Valencia, 1882.
[101] «La fuerza del interés», a. I, en *Poetas dramáticos valencianos,* cit., II, pág. 172.

de Aguilar, observamos que, aun no rehusando nada de lo que la tradición local le ofrecía, desarrolla libremente formas personales que lo caracterizan de modo que permite excluirlo de una decidida e irrevocable dependencia del teatro lopesco, aunque permanezca próximo a él por comunidad de ideales y de principios [102].

Todo esto confirma la existencia en Valencia de una vivísima tradición teatral cuando Lope de Vega llegaba a esta ciudad por vez primera en 1588 (y por segunda vez en 1599).

El mismo Guillén de Castro, que, según algunos, inició en Valencia su actividad de dramaturgo hacia 1583 [103], y según otros [104], un poco más tarde (de cualquier forma, antes de 1599, año en que se puede hablar razonablemente de una posible influencia lopesca), en aquellas de sus obras que pueden considerarse más antiguas, como, por ejemplo, *El amor constante*, *El caballero bobo*, *Los mal casados de Valencia,* demuestra formar parte de un gusto y de una tradición locales cuyos elementos resultan fácilmente reconocibles [105].

---

[102] A Aguilar ha sido atribuida por C. BRUERTON, *Is Aguilar the author of «Los amigos enojados»?,* en «Hispanic Review», XII, 1944, págs. 223-234, la comedia *Los amigos enojados* (Acad. N., III, págs. 288-323) que E. Cotarelo y Mori asignó a Lope de Vega (Acad. N., III, pág. XVII).

[103] E. JULIÁ MARTÍNEZ, «Observaciones preliminares» a las *Obras de Guillén de Castro,* cit., I, pág. LII. Véase asimismo E. JULIÁ MARTÍNEZ, *La métrica en las producciones dramáticas de Guillén de Castro,* en «Anales de la Universidad de Madrid», III, 1934, fasc. I.

[104] C. BRUERTON, *The Chronology of the Comedias of Guillén de Castro,* en «Hispanic Review», XII, 1944, págs. 89-151.

[105] E. JULIÁ MARTÍNEZ, *op. cit.,* I, pág. XXXVII.

También Miguel Beneito, que actuó en Valencia a finales de siglo y allí murió en 1599 [106], por lo que podemos juzgar de la única comedia que de él nos queda (y a la que, sin embargo, no daremos la importancia que le ha atribuido Juliá Martínez [107]), entra en esta tradición. Mesonero Romanos consideraba esa obra «de mérito tan escaso» como para no juzgarla digna de ser publicada [108], y Mérimée [109] dice de ella que es «une oeuvre sage, correcte, réfléchie, à laquelle manque seulement l'inspiration». La obra resulta desordenada y carece de motivos dramáticos profundos: es típica, sin embargo, de aquel gusto que domina en Valencia a finales de siglo, y constituye un interesante documento de la difusión que tuvo. Fue, precisamente, con este gusto y esta consciente tradición teatral con lo que Lope de Vega se encontró a su llegada a Valencia, desterrado de la corte [110], en el año 1588.

No repetiremos ahora aquí cuanto por otros [111] se

[106] E. JULIÁ MARTÍNEZ, «Observaciones preliminares» a *Poetas dramáticos valencianos*, cit., I, pág. CXXV.

[107] *Ibíd.*, págs. CXXIV-CXXVIII. Para Juliá, la obra revela excelentes cualidades dramáticas, y de acuerdo con el sistema de Tárrega, se resentiría también de las preocupaciones inmediatamente posteriores al arte de Virués: «Está en el fiel de la balanza; a un lado quedaba el respeto a la antigüedad y la imitación clásica, al otro comenzaba a pesar la afición a lo nuevo, al predominio de la imaginación, la acción brillante, la *comedia* española.»

[108] R. MESONERO ROMANOS, «Apuntes biográficos y críticos», intr. al vol. XLIII de la *B. A. E.,* pág. XXXIV.

[109] H. MÉRIMÉE, *op. cit.,* pág. 636.

[110] Sobre la fecha de la llegada de Lope a Valencia aceptamos la tesis de R. SCHEVILL, *Lope de Vega and the year 1588,* en «Hispanic Review», IX, 1941, págs. 65-78, que excluye una participación directa de Lope en la expedición de la *Armada Invencible.* Así, pues, ya hacia mediados de 1588 el poeta habría residido en Valencia.

[111] Sobre la estancia de Lope en Valencia, véase H. MÉRIMÉE, *op. cit.,* págs. 422-433; H. A. RENNERT-A. CASTRO, *Vida de Lope*

ha escrito ya acerca del período valenciano de Lope; sólo haremos notar el hecho de que debió de penetrar en los ambientes más animados de la vida literaria y teatral de la ciudad elegida para su exilio, y en la cual hizo imprimir muchos de sus primeros romances. En Valencia dejará un recuerdo lo bastante vivo como para recibir a su retorno, once años más tarde, calurosa acogida. En 1599 era ya un literato ilustre; pero en la época de su primer viaje llegaba con sus veintiséis años y una vida a las espaldas rica de aventuras, pero aún no madura en experiencias literarias seguras, especialmente en el campo teatral.

Mérimée, que, en cambio, vio en él al importador en Valencia de la *comedia,* se dejó llevar por el error del prejuicio, heredado de la crítica romántica, de un Lope *todopoderoso,* creador absoluto de la *comedia,* o por la aceptación literal de ciertas afirmaciones de Lope mismo, como la que se lee en el *Arte Nuevo* (vs. 219-221), a propósito de las comedias:

> yo las escribí de once y doce años,
> de a cuatro actos y de a cuatro pliegos,
> porque cada acto un pliego contenía.

Se ha observado cómo Lope tendía a hacerse pasar por más joven de lo que en realidad era; así, por ejemplo, hablando de su expedición a la isla Terceira, dice

de Vega, Madrid, 1919, págs. 55 y ss.; K. Vossler, *Lope de Vega y su tiempo,* Madrid, 1933, págs. 28-37; E. Juliá Martínez, *Lope de Vega y Valencia,* cit.; J. Entrambasaguas, *Vida de Lope de Vega,* Barcelona, 1936, págs. 105-116; E. Juliá Martínez, *Las mujeres valencianas en las comedias de Lope de Vega,* Madrid, 1941.

haberla realizado a los quince años, cuando en realidad
tenía veintiuno [112].

Hoy, después de los estudios en torno a la cronología de las obras de Lope de Vega, en especial los de
Buchanan [113], Hämel [114], Morley y Bruerton [115], y de
la serie de revisiones parciales o puntualizaciones que
los han acompañado, no podemos ya creer en las mí-
ticas fechas sugeridas por el mismo Lope o por su
biógrafo Montalbán, a las cuales había dado crédito
Mérimée, y antes que él, Menéndez Pelayo. Los resultados de dichas investigaciones llevan, en efecto,
a conclusiones que permiten replantear la interpretación de Mérimée y, en general, toda la cuestión de
las relaciones entre Lope y el teatro que le precedió.

Observaremos, ante todo, que sólo nos ha quedado
una obra de Lope anterior con seguridad a 1588: *Los
hechos de Garcilaso de la Vega y moro Tarfe* [116]. Es

---

[112] H. A. RENNERT-A. CASTRO, *op. cit.*, pág. 17.

[113] M. A. BUCHANAN, *The Chronology of Lope de Vega's Plays*,
Toronto, 1922.

[114] A. HÄMEL, *Studien zu Lope de Vegas Jugenddramen*, Halle,
1925.

[115] S. G. MORLEY-C. BRUERTON, *op. cit.* (*Addenda*, en «Hispanic
Review», XV, 1947, págs. 49-71).

[116] La obra fue hallada en un manuscrito que perteneció a C. la
Barrera y publicada en Acad., XI, con un prólogo de M. Menéndez Pelayo que se puede también leer en el tomo V de sus *Estudios sobre el teatro de Lope de Vega*, en O. C., cit., XXIII,
págs. 227-236. Menéndez Pelayo la considera de 1574, es decir,
escrita cuando Lope tenía doce años. Está en cuatro actos y comprende sólo 1830 versos, de los que solamente el 53 por 100 son
de metro español: los otros, italianizantes, consisten en tercetos
y octavas. A. RESTORI (en «Zeitschrift für Romanische Philologie»,
XXX, págs. 219-220) pensó que la obra había sido rehecha en
cuatro actos por alguien que quiso devolverle la forma primitiva,
pero C. BRUERTON, *On the Chronology of some plays by Lope
de Vega*, en «Hispanic Review», III, 1935, pág. 274, ha demostrado las razones que permiten considerar la obra como una de las

la única comedia de Lope distribuida en cuatro actos. En la versificación abundan los metros italianos, que constituyen el 46 por 100, con particular abundancia de tercetos (22 por 100), metro empleado por Lope en considerables porcentajes sólo en sus obras más antiguas [117]. Las mencionadas características externas denotan una indiscutible anterioridad, pero ésta encuentra confirmación en la observación de otras más propiamente internas, y la primera de todas, la de la grácil estructura dramática. Los dos primeros actos, ambientados en la ciudad mora de Granada, se separan argumentalmente y estilísticamente de los otros dos, los cuales se desarrollan casi exclusivamente en campo cristiano. Los primeros presentan la rivalidad de Tarfe y Gazul por la bella Fátima y la reparación que Tarfe ofrece a Alhama, seducida por él en su juventud y con quien ahora va a casarse. Con estas escenas, Lope ha querido probablemente presentar el carácter violento y primitivo del protagonista moro. Los otros dos actos nos ofrecen, en cambio, la figura del joven campeón cristiano Garcilaso de la Vega, noble y valeroso, que acudirá al desafío contra el pa-

---

más tempranas de Lope, «probably composed between 1579 and 1583, when plays were beginning to be written in three acts». Además, «is tipical of the work of a youth, more expert in verse than in dramatic construction; it is archaic in choice of metres and division into acts».

    S. G. MORLEY-C. BRUERTON, *op. cit.*, pág. 32, notan que «the play is narrative and oratorical in type with little free dialogue».

    Como contenido se aproxima a esta obra *El cerco de Santa Fe* (Acad., XI), pero con mucha probabilidad es bastante posterior o notablemente rehecha, aunque sólo sea por la presencia de décimas espinelas, cuya introducción en las *comedias* tiene lugar hacia finales de siglo.

    [117] S. G. MORLEY-C. BRUERTON, *op. cit.*, pág. 89.

recer del rey cristiano, y vencerá a Tarfe en singular combate. En el tercer y cuarto acto aparece la figura alegórica de la Fama, primero para exhortar a Garcilaso a las armas y a la gloria, luego para describir el combate entre Tarfe y Garcilaso, que finge desarrollarse fuera de escena. La versificación ofrece contrastes; al tono lírico, casi de idilio pastoril de las escenas amorosas de los dos primeros actos, sucede en los siguientes un tono épico. Más bien que poner en movimiento o entretejer una verdadera acción dramática, se escenifican episodios. Posee el contenido patriótico de otros dramas de la época, como la *Isabela* (1580-81), de Lupercio Leonardo de Argensola, y la *Numancia* (1580-1585?), de Cervantes (en los cuales aparece la figura alegórica de la Fama) [118], y deriva del *Romancero* [119], si bien Lope no emplea el romance, sino que, como Juan de la Cueva, lo vierte en redondillas.

Los hechos de Garcilaso no constituyen, por consiguiente, una verdadera *comedia,* sino un intento

---

[118] Observaremos que la figura alegórica de la *Fama* aparece también en el *Aiax Telamón* de Juan de la Cueva (Sevilla, 1579), en *La destrucción de Constantinopla* y en *La honra de Dido restaurada* (ambas publicadas en Alcalá de Henares en 1587) de Gabriel Lobo Lasso de la Vega. No está, en cambio, presente nunca en los autores valencianos. Para el empleo de esta figura en *Los hechos de Garcilaso* y para el concepto que de la fama tuvo Lope, véase A. LEFÈBVRE, *La fama en el teatro de Lope,* Madrid, 1962.

[119] M. MENÉNDEZ PELAYO, *Estudios sobre el teatro de Lope,* V, cit., XXIII, págs. 230-232, ha señalado como fuente un romance que aparece en *Las guerras civiles de Granada,* de Pérez de Hita (1595), probablemente rehecho por él mismo y que Lope debía de conocer a través de una *suelta* más antigua. R. MENÉNDEZ PIDAL, *L'épopée castillane à travers la littérature espagnole,* Paris, 1910, pág. 212, señaló en un romance de Lucas Rodríguez *(Romancero historiado,* Alcalá, 1579) la verdadera fuente de Lope. Ya que hay rasgos diferentes en las dos redacciones y Lope parece conocerlas ambas, es probable que se haya servido de dos redacciones distintas.

dramático en el plano precisamente de los que venían realizando por entonces Argensola, Juan de la Cueva, Cervantes y el anónimo autor de la *Gran comedia de los famosos hechos de Mudarra* (1583) [120].

Otra comedia se nos ha conservado como la más antigua de Lope; él mismo confiesa haberla escrito de muy joven: se trata de *El verdadero amante,* que ha llegado a nosotros refundida y corregida, pero aún con vestigios de su estructura primitiva; también debía de estar dividida en cuatro actos [121]. En ella predominan los elementos líricos y la grácil trama dramática. Observaciones parecidas se pueden hacer a

---

[120] R. MENÉNDEZ PIDAL, *La leyenda de los infantes de Lara,* Madrid, 1934, págs. 126-127 y 353-380.

[121] Fue publicada por Lope en la *Parte XIV* de sus *Comedias,* Madrid, 1620. Se puede leer en *B. A. E.,* XXIV, págs. 3-20, y en Acad., V, págs. 585-622. M. MENÉNDEZ PELAYO, *op. cit.,* II, en O. C., XX, págs. 127-129, siguiendo a Hartzenbusch (en *B. A. E.,* XXIV, VII), piensa que es de 1575, y que, en un principio, tuvo cuatro actos, porque el primero abarca tantos versos como los otros dos. Lope la habría rehecho en gran parte para su publicación, «puesto que hay en ella hermosos trozos de versificación que no parecen de poeta principiante». Para M. A. BUCHANAN, *op. cit.,* pág. 23, la obra sería de 1574, fecha aceptada por J. A. ARJONA, *La introducción del gracioso en el teatro de Lope de Vega,* en «Hispanic Review», VII, 1939, pág. 9. S. G. MORLEY-C. BRUERTON, *op. cit.,* pág. 155, a través del examen de la métrica, piensan que «patently 1574 is too early».

Se puede observar que la obra está rehecha en buena parte por lo que se refiere a la versificación, pero en el planteamiento, en la imitación de los modelos italianos como *L'Aminta* y el *Pastor Fido,* ya señalada por L. FERNÁNDEZ MORATÍN, *Obras póstumas,* Madrid, 1868, III, págs. 134-135, en el modo de abrir y cerrar los actos con versos sueltos, presenta huellas indiscutibles de su temprana elaboración. Recientemente, lo primitivo de algunos de sus elementos de composición ha sido señalado por un crítico francés, en uno de los ensayos más profundos e inteligentes que se hayan escrito sobre Lope de Vega: N. SALOMON, *Recherches sur le thème paysan dans la «comedia» au temps de Lope de Vega,* Bordeaux, 1965, págs. 8-9, 444-446, 575-577.

propósito de *La pastoral de Jacinto* [122], comedia que Lope dice haber escrito de joven y que Montalbán señala como su primera obra en tres actos [123].

No empezamos a tener una documentación más segura acerca de las primeras obras de Lope de Vega hasta fines de 1588. Debieron de ser representadas a principios de 1589 en Granada (y quizá poco antes en Sevilla) dos comedias. En efecto, López Martínez encontró un documento sevillano que atestigua cómo el cómico Gaspar de Porres autoriza a su colega y competidor Mateo de Salcedo para que, tras su actuación en Sevilla, represente durante el período de las festividades navideñas de 1588, y hasta el 6 de enero de 1589, las comedias de Lope *Las ferias de Madrid* y *Los celos de Rodamonte* [124]. De la primera ha quedado una copia fechada en Granada a 17 de enero

[122] Publicada en *Cuatro comedias famosas de D. Luis de Góngora y Lope de Vega,* Madrid, 1617, con el título *Los Jacintos y celoso de sí mismo,* luego en la *Parte XVIII* de sus *Comedias* (1623). Se encuentra en Acad., V, págs. 623-664.

M. MENÉNDEZ PELAYO, *op. cit.,* pág. 129, la tenía por «una de las más antiguas de Lope, pieza tan infantil como *El verdadero amante*».

Para J. F. MONTESINOS, *Notas sobre algunas poesías de Lope de Vega,* en «Revista de Filología Española», XIII, 1926, pág. 171, «no hay duda que el texto actual nada tiene de primitivo».

S. G. MORLEY-C. BRUERTON, *op. cit.,* págs. 132-133, confirman la posibilidad de que haya habido modificaciones de la versificación posteriores a la primera redacción. Estas podrían remontar a la época de su estancia en Alba de Tormes (véase M. GOYRI DE MENÉNDEZ PIDAL, *La Celia de Lope de Vega,* en «Nueva Revista de Filología Hispánica», IV, 1950, págs. 362-363). Véase también, por lo que se refiere al carácter pastoral y mitológico de la pieza, más bien que rústico, lo que opina N. SALOMON, *op. cit.,* páginas 448-450.

[123] J. PÉREZ DE MONTALBÁN, «Fama póstuma», cit., en *B. A. E.,* XXIV, pág. X.

[124] C. LÓPEZ MARTÍNEZ, *Teatros y comediantes sevillanos del siglo XVI,* Sevilla, 1940, pág. 31.

de 1589 [125], que se conserva en la Biblioteca de Palacio de Madrid. En efecto, Lope de Vega era amigo íntimo de Gaspar de Porres, al cual sabemos que entregaba o enviaba comedias para representar [126]. Es razonable pensar que las dos obras fueran escritas poco antes o poco después de su destierro de Madrid (1588) y que las entregara en exclusiva al amigo para su representación.

El examen de algunas particularidades del texto confirma esta hipótesis. Examinemos en primer lugar *Las ferias de Madrid* [127]. Sobre el agitado fondo de la animada vida madrileña en tiempo de feria, salpicada de amores y gentilezas (se presenta, sobre todo, la costumbre de ofrecer los caballeros regalos a damas desconocidas), se mueve una acción dramática basada en un sombrío episodio, aunque luego la conclusión es feliz. El protagonista, Leandro, corteja y es correspondido por ella, a una dama, Violante, a quien su marido, Patricio, desatiende. Éste, sin embargo, es

---

[125] Ya señalada por E. JULIÁ MARTÍNEZ, *Obras dramáticas de Lope de Vega,* Madrid, 1936, VI, pág. 330. Véase también S. G. MORLEY-C. BRUERTON, *op. cit.,* pág. 143.

[126] En el interrogatorio que sufrió a comienzos de 1588, con ocasión del proceso por libelos contra Elena Osorio y la familia Velázquez, Lope declaró que, aunque no como profesional, escribía comedias («que tratar no trata con ellas, pero que por su entretenimiento las hace», véase H. A. RENNERT-A. CASTRO, *op. cit.,* pág. 28), y que consideraba que la enemistad de Velázquez provenía del hecho de que «las comedias que le solía dar, las dio a Porres» (*ibíd.,* págs. 29 y 33). Porres le prometió acompañarlo a Valencia, cosa que probablemente hizo (*ibíd.,* pág. 35) y Lope se comprometió a enviarle una comedia cada dos meses.

[127] *Las ferias de Madrid* fue publicada en la *Parte II* de las *Comedias* (1609) y modernamente en Acad. N., V, págs. 582-623, y en una ed. popular reciente, Madrid, 1962.

Sobre esta comedia, véase C. BRUERTON, *Las ferias de Madrid,* en «Bulletin Hispanique», LVII, 1965, págs. 56-67.

celoso de su honor, y habiéndose dado cuenta de la
traición, oculta su identidad y consigue hacerse amigo
de Leandro y obtener de él las más íntimas confiden-
cias. Decide entonces descubrir la intriga al suegro
para que éste mate a su hija adúltera. Pero el suegro,
en cambio, mata al yerno, y se justifica así:

> Padre soy: quien padre fuere
> ponga los ojos en mí.
>
> Si yo a mi hija mataba
> como adúltera y lasciva,
> dejaba deshonra viva
> que para siempre duraba.
> El honor ha de vivir:
> es mujer y pudo errar,
> y yo padre y perdonar,
> y este mortal y morir.
>
> El irme será mejor,
> quien me culpare, él se aflija;
> que yo, sin matar mi hija,
> he defendido mi honor [128].

La comedia se concluye con la promesa de matrimonio de Violante y Leandro. Se trata de un argumento claramente novelístico, y Bruerton ha pensado
encontrar su fuente en un cuento de Straparola [129].

---

[128] *Las ferias de Madrid,* acto III (Acad. N., V, pág. 622-b).
[129] G. F. Straparola, *Le piacevoli notti,* IV, 4 (en ed. G. Rua,
Bari, 1927, págs. 189-196). El único elemento que aproxima la comedia al cuento es el hecho de que el marido, ocultando su condición, consigue hacerse confidente del joven amante, enterándose
por éste de su propia deshonra. Aparte de eso, todo lo demás
(ambiente, tono, desenlace) es distinto, así que nos parece ilegíti-
mo pensar en el cuento de Straparola como fuente de Lope, aunque es muy probable el origen novelesco del asunto.

Sin embargo, Lope dedica al desarrollo de la acción dramática fundamental poco más de la mitad de los versos de la comedia; los otros sirven para presentarnos el animado cuadro de la vida de Madrid en tiempo de feria y su vida nocturna, descrita a través de las aventuras desenfadadas de cinco alegres amigos. Se diría que Lope revive aquí, con íntima nostalgia, su alegre vida madrileña aún no turbada por disgustos y preocupaciones. Pero hay también un episodio autónomo que nos desvela con seguridad el momento de la composición y la disposición psicológica de Lope: en el acto III, una de las hazañas del grupo de los amigos trasnochadores (que se han quedado en cuatro porque Leandro está ocupado en cortejar a Violante) es la de encaminarse disfrazados al desposorio de una de sus habituales amigas fáciles, Rosalinda, llevando cada uno una cédula satírica. Son escritos ofensivos que provocan la reacción de los demás invitados, los cuales protestan contra aquellos enmascarados, que vienen

> ... a afrentar los hombres
> con sátiras envueltas en letrillas [130].

El recuerdo de los panfletos satíricos de Lope dirigidos a Elena Osorio y a su familia es evidente; todo, en fin, lo que dicen tres de los cuatro amigos y el contenido de sus cédulas no deja lugar a dudas. Lope, de un modo indirecto, recuerda con hastío a Elena, que ha preferido un amante más adinerado. Es ya, en esbozo, la imagen del rico indiano, que será el Don Bela de *La Dorotea*.

---

[130] *Las ferias de Madrid,* acto III (Acad. N., V, pág. 622-b).

El personaje Roberto, disfrazado de indiano, dice, en efecto:

> Oíd la mía, que en el traje indiano
> imito aquel galán de mi señora
> que atropelló mis años de servicio
> por el oro divino e poderoso [131],

y lleva una cédula con estos herméticos versos:

> «No por mí, sino por vos,
> tierra donde yo nací.»
> «No por vos, sino por mí»,

que explica así a los amigos, que no los entienden:

> Habla el indio primero con la tierra,
> diciendo que le quiere su señora
> por la tierra donde hay tanta riqueza:
> y luego el oro responde a la tierra
> que no por ella fue querido el indio
> sino por el que al fin lo vence todo [132].

Adrián, que se ha disfrazado de botarga, habla de este modo mientras señala su cédula:

> Decís muy bien. Mi cédula se mire
> acomodada al hábito y la barba
> de aquel viejo marido de mi dama
> que ya, como sabéis, es rico y viejo:
>
> «Lo que en el gusto amoroso
> mi dama no satisfago
> con las galas se lo pago» [133].

[131] *Ibíd.*, pág. 620-a.
[132] *Ibíd.*, pág. 620-a.
[133] *Ibíd.*, pág. 620-a.

Por último, el personaje Claudio:

> Yo me finjo un pastor que fue querido
> y que por pobre me dejó mi dama
> o, por mejor decir, por otro rico:
>
> > «Dejas un pobre muy rico
> > y un rico muy pobre escoges;
> > si te ofendo no te enojes» [134].

La escena, que no afecta al asunto dramático fundamental, es autónoma, casi como un «desahogo» humano del autor. No hay duda de que alude al momento de su alejamiento definitivo de Elena Osorio, cuando había abandonado toda esperanza de recuperar el perdido amor. Ello y la nostalgia afectuosa con que añora la vida despreocupada de Madrid parecen elementos seguros para pensar que la obra fue escrita a finales de 1587 o a principios de 1588 y cedida este último año a Gaspar de Porres. Indudablemente, el genio poético de Lope se muestra aquí con toda viveza, especialmente en las escenas descriptivas de la vida madrileña. No se puede decir lo mismo de la parte más propiamente dramática; deja mucho que

---

[134] *Ibíd.*, pág. 620-b. Los tres últimos versos están tomados del conocido romance *Sale la estrella de Venus* (véase *Romancero general o colección de romances castellanos anteriores al siglo XVIII*, recogidos y anotados por A. Durán, Madrid, [2]1945, I, pág. 33).
En cuanto al concepto, advertiremos que, ya en el primer acto de la comedia, Lope había puesto en boca de Violante un feroz ataque contra las mujeres de Madrid, de las que dice:

> ... *mujeres que el velo*
> *de vergüenza estiman poco:*
> *al pobre llaman loco*
> *y al rico el otavo cielo.*
> (Acad. N., V, pág. 592-b.)

desear tanto en la construcción de conjunto como en la fuerza expresiva de las que debían ser escenas fundamentales del tema, trágico en el fondo.

Aún menos sólido nos parece el movimiento escénico en *Los celos de Rodamonte* [135] —que es una rápida acumulación de episodios extraídos de los poemas caballerescos de Boiardo y Ariosto—, ya duramente juzgada por Menéndez Pelayo [136]. Se trata, en realidad, de un intento de reducir a drama un material literario conocido, que, sin embargo, no logra organizarse en una acción continua y coherente. Sólo aquí y allá, la versificación se enciende en alguna que otra efusión lírica más vivaz.

Métricamente, la comedia presenta un signo característico de su temprana composición: su alto porcentaje de tercetos, el 18 por 100, que la coloca al lado de *Los hechos de Garcilaso* (21,9 por 100) y de *Las ferias de Madrid* (17,4 por 100); son los tres porcentajes de tercetos más elevados de todo el teatro lopesco.

Que la obra, por último, pertenezca al mismo período que *Las ferias de Madrid* o que sea tan sólo un poco posterior, nos es confirmado por el preciso recuerdo de la pasada historia amorosa que Lope pone en boca del personaje de un pastor, a quien da el nombre de Belardo (tan usado por él como apodo poético propio). El pastor Belardo es introducido para consolar a Mandricardo de sus pesares amorosos, y lo

---

[135] Publicada en Acad., XIII, págs. 373-411.
[136] «Esta comedia es una de las peores y más monstruosas de su género» (M. MENÉNDEZ PELAYO, *op. cit.*, VI, en O. C., XXIV, pág. 368).

hace con estas palabras, que suenan a producto de una experiencia personal:

> que un tiempo fui querido:
> fe mantuvo y tuve fe;
> olvidóme y olvidé,
> aborrezco aborrecido
> que aunque perdí la ocasión
> no he perdido la memoria [137].
>
> ....
>
> que ya, como vos, me vi
> a medida del deseo,
> y ya, como veis, me veo
> llorar el bien que perdí [138].

Hay otra obra en que el personaje Belardo es introducido de modo autobiográfico, y, esta vez, no como secundario, sino como protagonista: *Belardo el furioso* [139], de la cual no poseemos una segura documentación útil para fijar la fecha; pero algunos de sus elementos internos nos la hacen suponer anterior a *Las ferias de Madrid* y a *Los celos de Rodamonte*. Ya Menéndez Pelayo [140] había advertido que el primer acto es el verdadero esbozo primitivo de la que será la acción de *La Dorotea*. En la pastorcilla Jacinta está

---

[137] *Los celos de Rodamonte,* acto III (Acad., XIII, pág. 398-a).
[138] *Ibíd.,* pág. 398-b.
[139] Publicada en Acad., V, págs. 665-703, de un manuscrito del siglo XVII de la Biblioteca de Palacio. Sobre la comedia, véase M. MENÉNDEZ PELAYO, *op. cit.,* II, en O. C., XX, págs. 132-137; J. F. MONTESINOS, *Contribución al estudio de la lírica de Lope de Vega,* en «Revista de Filología Española», XI, 1924, págs. 298-311 (en particular las págs. 302-303), y *Poesías líricas de Lope de Vega,* Madrid, 1925-26, I, pág. 29; J. H. ARJONA, *La introducción del gracioso en el teatro de Lope de Vega,* en «Hispanic Review», VII, 1939, pág. 9; N. SALOMON, *op. cit.,* págs. 446-448.
[140] M. MENÉNDEZ PELAYO, *op. cit.,* II, pág. 133.

representada la voluble Elena, que presta oídos a los
consejos del viejo tío Pinardo (= Gerarda de *La Do-*
rotea) y antepone al pobre Belardo el más rico Ne-
moroso (= Don Bela). Lope complicó luego la trama,
entremezclando con el motivo autobiográfico el totalmente literario de la locura de Orlando. Hizo, por
tanto, que el protagonista se volviese loco de amor, y,
a continuación, desplegó toda una serie de recursos
(dramáticamente bastante débiles en verdad) para
hacerle recobrar el sentido y permitirle gozar del amor
de Jacinta, arrepentida de su traición. El momento
psicológico en que fue escrita la comedia es, sin duda,
el de la primera fuerte turbación del enamorado abandonado que, no obstante, alimenta todavía esperanzas
de un nuevo acercamiento (por lo demás, se sabe que
Lope fue amante clandestino —durante poco tiempo— de Elena Osorio, cuando ésta aceptaba ya el
amor del nuevo y más rico pretendiente). Un soneto
de la comedia, que ha sido muy estudiado por la crítica [141] (*Querido manso mío que venistes),* revela con
fuerte intensidad lírica la condición de Lope, más in-
clinado elegíacamente a la súplica y a la esperanza
que no al insulto y a la violencia [142]. Consideramos,

---

[141] J. F. MONTESINOS, *Contribución al estudio,* etc., cit., páginas 302-303; J. ENTRAMBASAGUAS, *Poesías nuevas de Lope de Vega,*
en parte autobiográficas, Madrid, 1934, y *Vida de Lope de Vega,*
cit., págs. 97-98; F. LÁZARO CARRETER, *Lope, pastor robado. Vida*
y arte en los sonetos de los mansos, en «Formen der Selbstdar-
stellung», Festgabe Fritz Neubert, Berlin, 1956, págs. 209-224,
reimpreso en *Estilo barroco y personalidad creadora,* Salamanca,
1966, págs. 173-200.
[142] F. LÁZARO CARRETER (art. cit.) ha realizado un ejemplar
análisis de los tres sonetos dedicados al tema del manso, y considera *Querido manso mío que venistes* segundo en orden de tiempo respecto al más apasionado y tenso *Vireno, aquel mi manso*

por consiguiente, que la comedia es de fines de 1587.

Estética y teatralmente es debilísima. El mismo primer acto, que Menéndez Pelayo encontraba bastante dinámico, se apoya más en largos monólogos que en acciones dramáticas. Los otros dos están constituidos por episodios separados entre sí, más ensamblados que fundidos. La figura de Belardo, que, como se ha dicho, quiere ser un calco de la de Orlando furioso, es a veces ridícula, y los encantamientos ideados para devolverle la razón resultan pueriles. La acción se estanca, y la conclusión no está justificada por verdaderas premisas connaturales al drama.

Un tono diferente, una acción dramáticamente más viva y un diálogo más adecuado al servicio de la acción son, en cambio, los que aparecen en *Las burlas de amor* [143], comedia de claro origen narrativo con inserción de motivos pastoriles. Hay en ella un pasaje, ya advertido por Montesinos [144], en que el poeta revela

---

regalado y anterior al sentimentalmente más apagado y literariamente más elaborado *Suelta mi manso, mayoral extraño*.

En *Querido manso mío que venistes* también Lázaro Carreter subraya «el acento de súplica con que el poeta piensa recuperar el perdido animalejo», es decir —pasando a la autobiografía—, la todavía viva esperanza del poeta de poder recuperar el amor de Elena Osorio. El momento de la ofensiva polémica de los libelos y de la violenta sátira de *Las ferias de Madrid* seguirá poco después, al darse cuenta el poeta de la vanidad de sus esperanzas.

[143] Se halla publicada en Acad. N., I, págs. 39-74, de un manuscrito copia del siglo XVI de la Biblioteca de Palacio.

[144] J. F. MONTESINOS, *Poesías líricas de Lope de Vega*, cit., página 84. Se trata de una escena del acto III. La Reina está juzgando a algunos prisioneros y absuelve a un cierto Polifemo,

> *... mozo que amaba*
> *una mujer por extremo*
> *que su afición le pagaba,*

una más serena distancia de la dolorosa situación del abandono y del mismo drama de la condena.

Cercana a ella en el gusto por lo novelesco y la búsqueda de ágiles efectos dramáticos, está la comedia de *El nacimiento de Ursón y Valentín* [145], donde asimismo aparece de un modo fugaz el elemento autobiográfico. El pastor Belardo es representado como aquel que a su propia costa ha aprendido cómo se debe uno comportar en el juego del amor:

> aquesto y más aprendí:
> de aquella que yo adoré
> ¡buen discípulo quedé!
> ¡bien puedo matar por mí! [146].

Las dos comedias ahora indicadas están próximas incluso por la versificación [147]; se nota en ellas, respecto de la primera producción lopesca, una fuerte

y que,

> *después de muchos celos*
> *le ha escrito muchos libelos,*

con esta graciosa sentencia:

> *«Todo es pasión amorosa.*
> *Quitadle aquesta cadena*
> *y rasgad su verso y prosa,*
> *que si hoy dice que no es buena*
> *mañana dirá que es diosa.»*
> (Acad. N., acto III, pág. 67-a.)

---

[145] Publicada en la *Parte I* (1604). Se puede leer en Acad., XIII, págs. 487-525. Para M. Menéndez Pelayo, *op. cit.*, VI, en O. C., XXIV, págs. 385-395, es «una entretenida comedia o más bien novela dramática».

[146] *El nacimiento de Ursón y Valentín*, Acad., XIII, acto I, pág. 500-a.

[147] S. G. Morley-C. Bruerton, *op. cit.*, págs. 15-20.

disminución en el porcentaje de los tercetos (*Las burlas de amor,* 11,9 por 100; *El nacimiento de Ursón y Valentín,* 8,6 por 100) y la aparición del romance por primera vez entre las comedias hasta ahora examinadas [148]. Recordemos que, en el teatro valenciano, el romance ya había sido empleado por Virués en *La infelice Marcela* y que Tárrega lo usa en todas sus primeras obras, ya comentadas por nosotros. Resulta fácil relacionar el evidente cambio producido en el teatro lopesco con su contacto con el teatro valenciano, dado que las dos comedias fueron ciertamente elaboradas durante el período de su exilio en Valencia (1588-89).

Al desterrado debió de interesar especialmente el teatro de Tárrega, el cual, siguiendo los pasos de la última producción de Virués, como ya hemos visto, se había instalado preferentemente en el plano de un gusto por lo novelesco en formas escénicamente movidas y organizado según una dinámica que ya es la de la *comedia* [149].

Afines a las dos obras que acabamos de comentar son otras dos en las cuales los elementos narrativos se mezclan con los pastoriles. Se trata de *El ganso de oro* [150] y de *El hijo venturoso* [151]. En ambas aparece la pareja Belardo-Belisa (recuerdo del reciente matrimonio de Lope con Isabel de Urbina), y ambas están,

[148] Sólo *El verdadero amante* contiene un romance de 24 versos, pero ya se ha dicho que indudablemente su versificación fue rehecha en época posterior.

[149] Véase *supra,* pág. 125.

[150] Está publicada en Acad. N., I, págs. 153-184, de un manuscrito de la Biblioteca de Palacio.

[151] Está publicada en Acad. N., I, págs. 185-223, de un manuscrito de la Biblioteca de Palacio.

152 RINALDO FROLDI

como *Las burlas de amor,* ambientadas en Italia: la acción de *Las burlas de amor* y de *El ganso de oro* se desarrolla en Nápoles, y la de *El hijo venturoso,* en Milán. Resulta lógico pensar en derivaciones de cuentos italianos; por lo que se refiere a una de ellas, el precedente italiano está demostrado de un modo seguro [152].

Más cerca, en cambio, de *El nacimiento de Ursón y Valentín* (sobre todo por lo que se refiere al protagonista, que, como Ursón, se educa lejos de la madre y crece salvaje, dando muestras después, sin embargo, de una fortaleza no sólo física y revelando su propia nobleza) está la comedia de *El hijo de Reduán* [153], si bien es más débil en su organización dramática.

Pero la obra que, sin lugar a dudas, revela la decisiva influencia del ambiente y del teatro valencianos sobre Lope de Vega es *El Grao de Valencia* [154]. Desde el comienzo del primer acto se expresa en ella un admirado entusiasmo por el mar y una continua contraposición del rigor del clima castellano con la dulzura y la riqueza de la naturaleza valenciana [155]; no falta un hábil elogio de la nobleza del lugar, que suena a diplomática *captatio favoris* [156]. Gran importancia tiene aquí por su vitalidad escénica el hecho de re-

---

[152] Se trata de *El hijo venturoso* que procede de G. B. GIRALDI CINZIO, *Hecatommiti,* I, 1 (en la ed. Monte Regali, 1565, páginas 202-217). Véase A. HÄMEL, *op. cit.,* pág. 8, y E. H. TEMPLIN, *The sources of Lope de Vega's 'El hijo venturoso' and (indirectly) of «La esclava de su hijo»,* en «Hispanic Review», II, 1934, págs. 345-348.

[153] Publicada en la *Parte I* (1604) y reimpresa en Acad., XI, págs. 85-124.

[154] Publicada en Acad. N., I, págs. 513-546.

[155] *El Grao de Valencia,* en Acad. N., I, págs. 513-514.

[156] *Ibíd.,* pág. 525-b.

currir · al ambiente local, especialmente con la introducción del tema de «los moros» y de su continua amenaza de desembarcos, motivo que, coincidiendo con la realidad histórica, era frecuente en el teatro valenciano.

Como conclusión del análisis hasta aquí llevado se puede, por consiguiente, observar que Lope, antes de llegar a Valencia, había realizado tan sólo tentativas dramáticas gobernadas por un gusto eminentemente literario, por no decir libresco, incierto entre lo épico y lo lírico. En efecto, *Los hechos de Garcilaso* constituyen un intento de llevar a escena un tema heroico del *Romancero,* mientras que *El verdadero amante* y *La pastoral de Jacinto* escenifican temas pastoriles. *Los celos de Rodamonte* y *Belardo el furioso* se mueven en los dominios de la tradición poética épico-caballeresca.

Ninguna de esas obras es *comedia* en su específica significación, ni lo es la que, entre los dramas más antiguos, alcanza los mejores resultados poéticos, es decir, *Las ferias de Madrid,* con su mezcla de temas distintos no resueltos en unidad.

Después de estas obras, se nota ya, en *Las burlas de amor* y las demás piezas antes citadas, la existencia de una textura dramática más organizada y unitaria y la presencia de personajes y acciones que legitiman el uso del término *comedia* en su específico sentido histórico.

En efecto, Valencia debió de significar para Lope el encuentro con un teatro que había sabido asimilar plenamente la literatura y crearse un lenguaje propio: sobre todo a través de las obras de Tárrega, el gran

154   RINALDO FROLDI

exiliado debió de reconocer las infinitas posibilidades
que el nuevo género ofrecía. Con las obras escritas
en Valencia [157], Lope revela un sentido más seguro
del teatro, cediendo, incluso, a veces, a una excesiva
admisión de recursos escénicos de bajo valor. Definitivamente, adoptó la distribución de las comedias en
el sintético dinamismo de los tres actos, innovación
que, por lo demás, él reconoció a Virués [158], y de la
que no está excluido que hubiese tenido ya noticia en
Madrid, antes del destierro. Es también probable que

[157] La actividad de Lope, durante su estancia en Valencia, debió
de ser particularmente intensa. Poseemos un grupo de comedias
que, por varios elementos, podrían adscribirse a este período; el
análisis detallado de cada una no corresponde, desde luego, a este
lugar. Tenemos la intención de hacer su estudio en otro tiempo
y sitio. Mientras tanto, pensamos útil —como estímulo para otros
investigadores— señalar aquí los títulos de comedias que opinamos
deberían ser objeto de estudio: *Las justas de Tebas* (Acad. N.,
I, págs. 219-277); *El soldado amante* (Acad. N., IX, págs. 552-589);
Los donaires de Matico (Acad. N., IV, págs. 693-724); *La ingra-
titud vengada* (Acad. N., VI, págs. 457-487); *El galán escarmen-
tado* (Acad. N., I, págs. 117-152); *El príncipe melancólico* (Acad.
N., I, págs. 336-368, pero J. H. ARJONA, *Did Lope de Vega write
the extant «El príncipe melancólico»?*, en «Hispanic Review»,
XXIV, 1956, págs. 42-49, a través de un análisis lingüístico, niega que sea de Lope).
Sólo de otras dos obras tenemos con seguridad la fecha, y son:
El príncipe inocente (2 de junio de 1590) y *Carlos el perseguido*
(2 de noviembre de 1590). También éstas tienen su origen en la
«novellistica». La primera ha sido editada recientemente: L. VEGA
CARPIO, *El príncipe inocente*, ed. J. García Morales, Madrid, 1964,
de un manuscrito de la colección Gálvez.
La segunda, publicada en *Seis comedias de Lope de Vega y
otros autores,* Lisboa, 1603, y en la *Parte I* (1604), se puede leer
en Acad., XV, págs. 441-488. Acerca de ésta, véase A. GONZÁLEZ
AMEZÚA, *Una colección manuscrita y desconocida de comedias
de Lope de Vega Carpio,* Madrid, 1945, pág. 51. Procede de
M. M. BANDELLO, *Novelle,* IV, 5 (en la ed. F. Flora, Milano, 1935,
II, págs. 665-683). Véase F. BAULIER, *A propósito de «El perseguido» de Lope,* en «Revista de Filología Española», XXV, 1941,
págs. 523-527.
[158] Véase *supra,* pág. 112, n. 60.

Lope eligiese para su exilio precisamente Valencia por su fama de ciudad rica y culta y, sobre todo, por la curiosidad de conocer aquel ambiente teatral del que habría oído hablar a actores, como su amigo Gaspar de Porres.

Advirtió, por otra parte, la importancia de las figuras cómicas características, que quizá ya conocía del teatro «dell'arte» italiano [159], pero que estaban bien presentes en el teatro valenciano: motivo que él irá desarrollando hasta la creación de lo que será llamado el *gracioso* [160].

[159] Véase E. B. PLACE, *Does Lope de Vega's gracioso stem in part from Harlequin?*, en «Hispania», XVII, 1914, págs. 257-270.

[160] A propósito de la ausencia de la figura del *gracioso* en los primeros dramas de Lope observa J. H. ARJONA, *La introducción del gracioso en el teatro de Lope de Vega,* en «Hispanic Review», VII, 1939, pág. 10: «En casi todas ellas sentimos la vivaz musa de Lope hilvanando escenas cómicas, creando personajes más o menos risibles, inventando chistes y retruécanos, difundiendo, en general, el elemento del donaire que tan importante papel había de desempeñar poco después al concentrarse en el personaje del gracioso. En *El Grao de Valencia* hallamos un pícaro jocoso. En *El ganso de oro* encontramos dos rufianes: Matraón y Tragafieros, un alcahuete, un soldado viejo, cojo, manco y tuerto, un gitano y dos rameras. En *La infanta desesperada* hay dos hombres y una mujer presos. En *Belardo el furioso* el elemento del donaire es mucho más extenso..., pero falta en la comedia la centralización del elemento cómico en un personaje que podamos llamar el gracioso.» Y más adelante (pág. 19) observa que la primera figura que tiene ya muchas de las características distintivas del gracioso es Pinelo de *El favor agradecido;* por tanto, Arjona estaría dispuesto a prestar crédito a todo lo afirmado por Lope, es decir, que *La Francesilla* «fue la primera en que se introdujo la figura del donaire que desde entonces tanta ocasión dio a las presentes» (Acad. N., V, pág. 665-b). Ninguna duda de que la figura del gracioso en sus codificadas características sea definida por Lope en sus años ya maduros: observaremos todavía que la presencia de un personaje con acentuadas características cómicas pertenece a una tradición antigua en el teatro valenciano, y que, en particular, en *El prado de Valencia,* de Tárrega, éste ofrecía el rasgo fundamental de ser un lacayo. Hay que advertir, además, que las mismas

Dio una más variada pero más ligera y armoniosa organización métrica a la *comedia,* y empezó a definir de un modo apropiado como protagonistas a los personajes del *galán* y de la *dama.*

Sobre todo, dejando al margen el influjo de la tradición de la lírica y de la épica, descubrió el diálogo brillante y hasta conceptuoso como instrumento fundamental de realización de una acción dinámica, capaz de interesar y mover a un público variado. El mismo Lope, por lo demás, reconoció la grandeza del canónigo Tárrega, como ya hemos recordado [161], demostrando respetarle y admirarle. Por otro lado, la tradición dramática valenciana encontraba en Lope a quien sabía interpretarla y continuarla, profundizando sus motivos esenciales.

No es posible, por tanto, seguir creyendo al cabo de nuestro análisis en una «escuela valenciana» formada por Lope: la verdad es que Lope, con su llegada a Valencia en 1588, aprendió más que enseñó, lo que —desde luego— no quita nada a su grandeza de poeta dramático, capaz, en breve tiempo, de superar a sus modelos y alzarse luego con una verdadera «monarquía cómica».

Una prueba más de la relación de sucesión entre

citas de Arjona relativas a las primeras tentativas de Lope de introducción de personajes cómicos, nos conducen a las obras que hemos indicado como propias del período valenciano de Lope. En estas tentativas que se modelan sobre los ejemplos valencianos hay que ver los primeros esfuerzos de Lope hacia la definitiva formulación del personaje.

Al problema de la figura del donaire, escasa aportación ofrece un ensayo de conjunto bastante superficial y poco documentado: C. D. LEY, *El gracioso en el teatro de la península,* Madrid, 1954.

[161] Véase *supra,* pág. 129.

Tárrega y Lope es ofrecida por Baltasar Gracián, que, en el «Discurso XLV» de su *Agudeza y arte de ingenio*, traza una línea fundamental del teatro cómico español y, después de haber hablado de Lope de Rueda, juzga que «el canónigo Tárrega aliñó ya más el verso y tiene muy sazonadas invenciones», para añadir: «*sucedió* [162] Lope de Vega con su fertilidad y abundancia».

En Valencia, además, Lope de Vega tuvo ocasión de discutir sobre teatro, valiéndose de la tradición crítica y académica local, que de allí a poco se manifestaría en la *Academia de Los Nocturnos;* debió así de madurar en él una conciencia crítica más precisa de lo que el teatro representaba en la cultura del tiempo. Cuando más tarde volvió a Valencia, en 1599, ya seguro dominador de la escena española, encontró en Guillén de Castro al que, siendo aún joven, tras sus primeros intentos llevados a cabo en la órbita de la tradición local, tenía genio y capacidad para desarrollarla en formas más decididamente innovadoras y en consonancia con la conciencia de la época.

Es justo distinguir, como hace Juliá Martínez [163], dos épocas en la producción de Guillén de Castro, porque la segunda llegada de Lope extingue las características de la tradición local; ésta ingresa en la órbita lopesca casi espontáneamente, dado que no presentaba elementos irreductibles con aquella *comedia* de la

---

[162] El subrayado es mío. Véase B. GRACIÁN, *Obras completas,* Madrid, 1960, pág. 440.
[163] E. JULIÁ MARTÍNEZ, «Observaciones preliminares» a las *Obras de Guillén de Castro,* cit., I, pág. XCV.

que, por el contrario, había sido un fundamental esbozo precursor.

Por el mismo motivo, Ricardo del Turia [164] y Carlos Boyl [165], al comienzo del siglo XVII, podrán compartir teóricamente el ideal lopesco de la comedia moderna sin las reticencias ni los rebuscamientos de compromiso de Juan de la Cueva, precisamente porque veían resolverse en Lope, del modo más coherente, la propia tradición local.

Bajo todos los aspectos, el encuentro entre Lope y la producción valenciana era la consciente resolución de un proceso histórico.

La *comedia,* como toda expresión artística, no es la milagrosa, improvisada y aislada invención de un genio por naturaleza ni tampoco es la impersonal manifestación de una raza o de una nación, sino que se forma en el surco de una tradición literaria constituida por obras de distintas personalidades creadoras, las cuales, interpretando humanas exigencias, no constituyen el objeto de la historia, sino su inteligente sujeto animador.

En la tradición dramática valenciana, sin duda la más robusta y consciente del siglo XVI español, Lope de Vega se insertó con un superior vigor poético e ingeniosa fertilidad, dándole nuevo, más rico y más profundo rumbo. No debe, por tanto, extrañar que, después del triunfo de Lope, para la posteridad, la *comedia* llegase a ser por antonomasia «lopesca», lo

---

[164] RICARDO DEL TURIA, «Apologético de las comedias españolas», en *Poetas dramáticos valencianos,* cit., I, págs. 622-627.
[165] C. BOYL, *Romance a un licenciado que deseaba hacer comedias,* en «Norte de la poesía española», cit. Se puede leer en *Poetas dramáticos valencianos,* cit., I, págs. 627-629.

que no autoriza —desde luego— al historiador a contentarse con semejantes simplificaciones y a olvidarse de todos los hechos y circunstancias, entregándose a lo sugestivo de una fácil mitología sentimental.

Hemos buscado, con nuestro ensayo, dar una dimensión más razonable y verdadera a un momento significativo de la cultura española [166].

---

[166] Como complemento de la bibliografía, y por lo que pueden sugerir al solícito lector para discusión de las ideas aquí expuestas, indicaremos las principales reseñas a la primera edición italiana del presente trabajo: E. JULIÁ MARTÍNEZ, en «Revista de Literatura», XXI, 1962, págs. 181-183; E. S. MORBY, en «Hispanic Review», XXXII, 1964, págs. 265-268; J. G. FUCILLA, en «Hispania», XLVII, 1964, págs. 866-867. Sobre el asunto, véase también F. LÁZARO CARRETER, «El teatro en Valencia», en *Lope de Vega*, cit., págs. 169-178.

APÉNDICE

REFLEXIONES SOBRE LA INTERPRETACIÓN DEL
ARTE NUEVO DE HACER COMEDIAS EN ESTE TIEMPO, DIRIGIDO A LA ACADEMIA DE MADRID,
DE LOPE DE VEGA

Como «uno de los escritos peor entendidos de la literatura española» ha sido recientemente definido el *Arte Nuevo* por J. F. Montesinos [1], con una aserción tal vez tajante, pero de cuyo valor objetivo no se puede disentir razonablemente cuando nos detenemos a estudiar la fortuna crítica de aquel escrito lopesco. En las páginas que anteceden [2] me he propuesto una interpretación del mismo, esforzándome por situar el texto en su realidad histórica y por estudiarlo fuera de los prejuicios en torno a la constitución y a los caracteres de la *comedia española,* que, a mi jui-

---

[1] J. F. MONTESINOS, *La paradoja del Arte nuevo,* en «Revista de Occidente», II, 15, 1964, 302-330; recogido en sus *Estudios sobre Lope,* Salamanca, Ed. Anaya, 1967, 1-20.
[2] Vid. *supra,* cap. I.

11

cio, habían perturbado las investigaciones precedentes, aun las más significativas, como las de Menéndez Pelayo [3], Morel-Fatio [4] y Menéndez Pidal [5].

Me propongo aquí añadir a aquellos argumentos algunas reflexiones basadas en el análisis de ciertos pasajes del texto que me parecen particularmente significativos, y en la observación de su disposición interna, con vistas a ofrecer una contribución a la recta inteligencia del *Arte Nuevo*.

Ya el título de la obra —compuesta a principios del siglo XVII [6]— merece atención, no tanto por la

[3] M. MENÉNDEZ PELAYO, *Historia de las ideas estéticas en España*, Madrid, 1896, III, 431 y sigs. En la edición nacional, 1940, II, 294 y sigs.

[4] A. MOREL-FATIO, ed. del *Arte nuevo,* en «Bulletin Hispanique», III, 1901, 364-405.

[5] R. MENÉNDEZ PIDAL, *El Arte nuevo y la Nueva biografía,* en «Revista de Filología Española», XXII, 1935, 337-398; reproducido en *De Cervantes y Lope de Vega,* col. Austral, ⁴1948, 65-134.

[6] Se atribuye corrientemente al *Arte nuevo* la fecha de su primera edición conocida, esto es, la de 1609 (la obra fue publicada con las *Rimas,* por Alonso Martín, en Madrid), pero merece atención la propuesta de anticipar esa fecha, aparecida en un reciente ensayo: O. M. VILLAREJO, *Revisión de las listas de «El Peregrino» de Lope de Vega,* en «Revista de Filología Española», XLVI, 1963, 343-399. Según este estudioso, debe existir una edición de las *Rimas* y del *Arte nuevo* de 1602; en apoyo de tal suposición, se aportan los testimonios de Nicolás Antonio, Mayáns y Siscar, Navarrete, J. A. Dieze, D. Clemencín, Martínez de la Rosa, Pietro Monti, Cejador y Frauca, autores todos que citan una edición de 1602, y la circunstancia de que la edición conocida de 1609 lleva el «previlegio» de 20 de octubre de 1602, concedido en Valladolid. La anticipación de la fecha tiene su importancia, incluso para la historia del teatro lopesco, porque, en el *Arte nuevo,* Lope dice haber compuesto, hasta aquel momento, 483 comedias (v. 369). Según Villarejo, sería, por tanto, razonable pensar en los últimos años del siglo XVI como los más fecundos del dramaturgo. Opinamos que esta propuesta necesita de una documentación más segura antes de ser aceptada, y confiamos en que nuevas investigaciones

dedicatoria a aquella *Academia de Madrid,* cuya identidad no se ha establecido aún con segura documentación histórica [7], cuanto por el adjetivo *nuevo* referido al *arte,* y la precisión temporal *en este tiempo,* que delimitan rigurosamente el tema. Se trata, para Lope, de resolver el problema de si la nueva *comedia* triunfante puede o no ingresar en el ámbito de los géneros literarios que una larga tradición crítica, humanística y renacentista había codificado rigurosamente a lo largo del quinientos, y que había hallado en España su más coherente expresión en la *Filosofía antigua poética* del Pinciano (1596). Es indudable que el problema debía ser vivo, de palpitante actualidad, a fines del XVI y principios del XVII, objeto de discusiones entre los doctos que asistían al triunfo del nuevo género. Éste se afirmaba, en estrecho contacto con la participación del pueblo en el fenómeno teatral, contra la tradición humanística, basada en paradigmas clásicos y en una visión restringida —limitada a una minoría culta— de la actividad literaria.

Lope de Vega, desde el principio de su exposición, se muestra consciente de que sus oyentes, desde lo alto de una posición cultural cerrada y dogmática, al

puedan resolver las dudas existentes. Para nuestro problema, la nueva fecha tendría un significado relevante, porque anticiparía en varios años el momento en que Lope demuestra tener plena conciencia de la novedad y validez literaria de su teatro.

[7] J. SÁNCHEZ, *Academias literarias del Siglo de Oro español,* Madrid, 1961, fija el origen de la Academia de Madrid en 1607 (cfr. págs. 46-48), apoyándose en la suposición de que el *Arte Nuevo,* editado en 1609, fuera presentado poco antes a la Academia por Lope de Vega. Si se probara definitivamente que el *Arte nuevo* cuenta con una edición de 1602 (véase la nota anterior), no sería exacta la suposición de Sánchez. Lo cierto es que, carentes de documentación histórica, nada se puede afirmar acerca de la fundación y organización de la Academia de Madrid.

invitarle a escribir el *Arte Nuevo,* quieren ponerlo en situación embarazosa, pidiéndole lo imposible: la justificación crítica de un género fruto de un gusto inferior —el popular— que no participa de la verdadera dignidad literaria, la cual es, sobre todo, *arte,* o sea estudio y norma:

> Mándanme, ingenios nobles, flor de España,
>
> (v. 1)
>
> ....
>
> que un arte de comedias os escriba,
> que al estilo del vulgo se reciba.
>
> (vs. 9-10)

El tono de la respuesta de Lope está a medio camino entre una reverente (aunque fingida) modestia y una sonrisa socarrona; parece conceder algo a los adversarios, reconociendo su propia culpa:

> Que lo que a mí me daña en esta parte
> es haberlas escrito sin el arte.
>
> (vs. 15-16)

Poco antes ha ironizado mordazmente sobre la habilidad teórica, abstracta, de los académicos, juzgados por él, evidentemente, como pedantes:

> Fácil parece este sugeto y fácil
> fuera para cualquiera de vosotros
> que ha escrito menos de ellas y más sabe
> del arte de escribirlas y de todo.
>
> (vs. 11-14)

Frente a personas tan ricas de doctrina, ¿qué puede hacer Lope sino justificarse? Y la justificación se desarrolla en los versos siguientes (17-32): el tono continúa siendo sutilmente irónico, pero las afirmaciones son conscientes, y nos ofrecen las razones humanas e históricas del trabajo lopesco; no es que él no haya aprendido en sus años estudiantiles las buenas reglas humanísticas, o que las haya olvidado después: es que, observando la situación del teatro que le rodea, se ha dado cuenta de que en España no se hacen comedias al modo antiguo, de donde ha sacado la certeza de que quien las escribiese así estaría condenado a un fracaso seguro. Sus obras, lejos de obedecer a ignorancia, suponen una aceptación de la realidad:

> Escribo por el arte que inventaron
> los que el vulgar aplauso pretendieron,
> porque, como las paga el vulgo, es justo
> hablarle en necio para darle gusto.
>
> (vs. 45-48)

Forma parte del juego lopesco de burla de sus pedantes opositores, la aceptación de la terminología despectiva que —lo sabe bien— usaban éstos contra el nuevo teatro y quienes lo escribían. Y así, se llama a sí mismo *bárbaro* (vs. 26 y 39), junto con cuantos han contravenido las reglas de los antiguos; trata a su público de *vulgo* (vs. 27, 37, 47; 46: *vulgar* aplauso), y llega a afirmar que el suyo es un *hablar en necio* (v. 48). A la vez, se divierte en hacer un alarde de erudición en torno a las «reglas» de la *verdadera comedia* (vs. 49-60), para después concluir el largo y sostenido período poético con un verso de tono humilde, casi de habla familiar, abiertamente irónico:

> ¡Mirad si hay en las nuestras pocas faltas!
>
> (v. 61)

En este *nuestras* no se debe ver un plural mayes-
tático; alude a lo que Lope añade poco después, y
que había dicho en los versos 22-23; representa su
conciencia de tener una pre-historia. Él ha desarrollado la *comedia* española partiendo de bases previas;
no es carente de significación el que mencione espe-
cíficamente a Lope de Rueda (v. 64).

Vuelve a adoptar, a partir del verso 77, el tono
erudito, con un discurso acerca del origen y evolución
de la comedia, haciendo abundantes citas de textos
clásicos, para rematar con una nueva y hábil *boutade*
(vs. 128-130), insinuando sus escrúpulos por haber
exagerado con tanta aportación de doctrina, lo cual
le hace temer que haya podido aburrir a sus oyentes.
¿Por qué lo ha hecho? Era necesario para demostrar
que resultaba impertinente y absurda la petición de
los académicos:

> Porque veáis que me pedís que escriba
> arte de hacer comedias en España,
> donde cuanto se escribe es contra el arte.
>
> (vs. 133-135)

Lope podrá responder, no mediante una poética co-
dificada del tipo de aquella en que parecían creer los
académicos, sino expresando su parecer a través de
su experiencia de poeta creador, de sus obras basadas
en una concepción distinta del teatro. En sustancia,
se burla de quienes creen en el *arte* como algo está-
tico, inmutable en su formulación dogmática:

> Si pedís arte, yo os suplico, ingenios
> que leáis al dotísimo utinense
> Robortelo;   (vs. 141-143)

él sabe que de la inspiración natural puede brotar una nueva forma poética, pero sabe también que ésta necesita una norma artística propia. Así como no basta la regla abstracta, tampoco es suficiente la espontaneidad natural con que, normalmente, se identifica el desenfrenado y erróneo gusto popular; precisará elegir un camino que corra por en medio de los dos extremos:

> Que, dorando el error del vulgo, quiero
> deciros de qué modo las querría,
> ya que seguir el Arte no hay remedio,
> en estos dos extremos dando un medio.
>
> (vs. 153-156)

Con el tono de chanza característico de todo el poema, Lope va desarrollando un pensamiento preciso y claro: los académicos habían creído proponerle una dificultad insoluble, pero él la salva. Sabe que en las obras teatrales que le habían hecho alzarse, para decirlo con Cervantes, con la *monarquía cómica* [8], está presente una norma, un principio informador, un nuevo *arte* en suma, que escapa al rigorismo pedantesco de los académicos, pero que no por ello niega la necesidad de un orden interno y de una finalidad en la obra teatral. Antes bien, de la misma tradición crítica aristotélica, Lope podía extraer argumentos que corroboraran su propio concepto del teatro, vinculándolo todavía más a la tradición local, al encuentro entre el

---

[8] M. CERVANTES SAAVEDRA, *Prólogo a Ocho comedias y ocho entremeses,* Madrid, 1615 (vid. *Obras completas,* edic. A. Valbuena Prat, Madrid, 1952, 180).

gusto del poeta y del público, a exigencias históricas,
en definitiva, más que a principios abstractos o a modelos impersonales de perfección.

A partir del verso 157, Lope desarrolla una serie
de preceptos, enunciados con el tono de afables consejos, que representan las principales características
de la *comedia* española, ante todo la de la variedad
del tema, que mezcla reyes y plebeyos (vs. 157-158)
y lo trágico y lo cómico (vs. 174-175),

> que aquesta variedad deleita mucho.
>
> (v. 178)

A continuación, Lope sostiene la oportunidad de
la unidad de acción y de una variedad que no resbale
hacia lo episódico (vs. 181-185), y se advierte claramente que la justificación del precepto —si podemos
llamarlo así— es inherente a la búsqueda de un teatro que se organiza como acción, y no deriva del escrúpulo de respetar un canon. Confirma esto la escasa
atención que dedica a la unidad de tiempo (y vuelve
a aflorar el tono chancero: como ya se ha perdido el
respeto a Aristóteles, se le puede seguir perdiendo al
transgredir este consejo suyo [vs. 189-190]) y el
precepto de la unidad de lugar. En otros términos: el
tiempo es vinculado a la acción, la cual, aunque unitaria como conviene que sea, puede desarrollarse —especialmente en los temas históricos— en un período
extenso; ello evita a Lope el convencionalismo inútil
de fijar términos precisos; de lo cual saca una nueva
y humorística conclusión: si estas comedias «nuevas»,
que rebasan los términos de un sol (tiempo fijado por

una interpretación literal y angosta del texto aristotélico), no gustan,

> no vaya a verlas quien se ofende.
>
> (v. 200)

Después, Lope desciende a consejos técnicos más
menudos, deducidos de su propia experiencia como
dramaturgo [9]: el tema debe ser escrito previamente
en prosa, bien repartido en tres actos (vs. 211-212)
—y con la alusión a Virués (vs. 215-218), vuelve a
referirse a la tradición española, en la cual se siente
instalado—; la acción ha de desenvolverse con oportuna graduación, de tal modo que, para mantener ten-

---

[9] No se puede pensar que el orden de los preceptos, tal como
aparece en el *Arte nuevo,* haya sido rigurosamente planeado por
Lope. Ha observado certeramente C. SAMONÀ, «Su un passo dell'Arte nuevo di Lope», en *Studi di Lingua e Letteratura spagnola,* Torino, 1965, 135-146, que la ordenación de los preceptos es obra de
los críticos de hoy; por ejemplo, de G. SINICROPI, *L'Arte nuevo e
la prassi drammatica di Lope de Vega,* en «Quaderni Ibero-Ameri-
cani», Torino, 1925, s. a. (1961), 13-26.
    Añadiremos que se ha intentado también ordenar los precep-
tos del *Arte Nuevo* sobre la base de un aristotelismo que Lope
habría seguido sustancialmente, aunque negándolo aparentemente
(I. P. ROTHBERG, *Lope de Vega and the Aristotelian Elements of
Comedy,* en «Bulletin of the Comediantes», Chapel Hill, XIV,
1963, 1-3), y que los puntos de contacto entre Lope y el aristotelismo de su tiempo han sido expuestos en otra obra recientemente,
aunque farragosa y no siempre coherente: L. PÉREZ y F. SÁNCHEZ
ESCRIBANO, *Afirmaciones de Lope de Vega sobre preceptiva dramática,* Madrid, C. S. I. C., 1961. Importa señalar que el *Arte
Nuevo* ha de ser leído en sí mismo, no olvidando que es sustancialmente una epístola literaria, por medio de la cual, con tono
preferentemente humorístico, ataca Lope a los adversarios y de-
fiende sus propias opiniones. Sería absurdo exigirle la coherencia
propia de un tratado de poética, como resultaría inoportuno sacar
como conclusión que Lope negaba la posibilidad de un tratamiento
teórico de los problemas de la poesía teatral, basándose en el tono
empírico, simplificador, voluntariamente asumido por él, con el
que afronta a veces los problemas del *Arte Nuevo.*

so el interés de los espectadores, la solución no se presente hasta el final (vs. 234-235); la escena debe estar siempre llena y animada (vs. 240-245); tiene que haber correspondencia entre el estilo empleado por los personajes y su condición social (vs. 246-263), y siempre ha de ser próximo a la realidad, sin cultismos inútiles (vs. 264-268); el comediógrafo debe cuidar la caracterización psicológica de los protagonistas, ofreciendo así al actor la posibilidad de encarnar su personaje con verosimilitud (vs. 269-276). Y esto, aunque la acción se aparte de la realidad cotidiana, como en el caso del disfraz varonil de las mujeres, que place por ser excepcional, con tal de que sea verosímil, no imposible (vs. 281-285). El poeta ha de saber, además, engañar al público en el desarrollo de la trama, para que la solución produzca sorpresa (vs. 302-304). Lope desciende también a tratar problemas específicos de técnica literaria, aconsejando el uso de determinados sistemas métricos en función del contenido (vs. 305-312), el empleo de algunos recursos retóricos en el verso (vs. 313-318), y de un sabio *hablar equívoco* (v. 323) que constituye un oportuno *engañar con la verdad;* o bien afronta el problema de los contenidos, sugiriendo los que más interesan al público:

> Los casos de la honra son mejores,
> porque mueven con fuerza a toda gente;
> con ellos, las acciones virtuosas,
> que la virtud es dondequiera amada.
>
> (vs. 327-330)

Siguen consejos sobre las dimensiones de la comedia (vs. 338-340): sus límites deben ser soportables por el público; sobre la prudencia en el manejo de la sátira, porque aquel que

> infama
> ni espere aplauso ni pretenda fama;
>
> (vs. 345-346)

para volver después al tema inicial de su personal e irónica modestia, que llega a la confesión de culpabilidad: ha dado preceptos de *bárbaro* (v. 363), dejándose llevar de la *vulgar corriente* (v. 365), por donde, en el extranjero, adquirirá fama de ignorante (v. 366).

Pero inmediatamente, con eficaz contraste, estampa la consciente afirmación de su propio valor, enunciada con imprevista severidad:

> sustento en fin lo que escribí.
>
> (v. 372)

Lope conoce el valor de su teatro, y sabe que las 483 comedias que lleva compuestas hasta aquel momento son válidas tal como son, y así han gustado a su público, que ha sabido encontrar en ellas la realidad varia y compleja de la vida:

> Que en la comedia se hallará de modo
> que, oyéndola, se pueda saber todo.
>
> (vs. 388-389)

Terminado este examen del *Arte Nuevo,* parece que han aflorado algunos motivos dignos de ser expuestos aquí con particular relieve. En primer lugar, el claro reconocimiento, por parte de Lope, de la existencia

de una tradición teatral española que le ha precedido
(no faltan las menciones explícitas de autores, como
Lope de Rueda, Virués y Miguel Sánchez, y el implícito recuerdo de Timoneda, editor de Lope de Rueda [vs. 65-66]) [10]. Pero es consciente de los límites
y vacilaciones de aquella producción, y sabe que la
ha superado con una obra artística más profunda y
valiosa. Falta, por el contrario, la polémica contra un
activo teatro clasicizante, que, por lo demás, no existió nunca en España, y del cual Lope no parece tener
ni siquiera noticia exacta de cómo podía ser, ya que,
como ejemplo de obras que siguen el *arte antiguo,*
cita los entremeses de Lope de Rueda (vs. 71-73) [11].
Fue la crítica del setecientos, por particulares exigencias polémicas, la que sugirió la idea de una oposición
entre teatro regular y teatro lopesco, hasta el punto
de erigir en campeón del primero al propio Cervantes;
o hasta afirmar la existencia de una «tragedia» española clásica del quinientos, en oposición a la *comedia*
nacional y moderna. Y como, en parte, esa idea fue
acogida por la historiografía posterior, hasta nuestros
días [12], parece oportuno aquí manifestar que la polémica de Lope de Vega apunta exclusivamente contra
los teóricos pedantes que discuten académicamente
acerca de cómo debe ser el teatro, sin preocuparse de
su real comunicabilidad con el público; Lope, por el

---

[10] Vid. F. Lázaro Carreter, *El «Arte Nuevo» (vs. 64-73) y el
término entremés,* en «Anuario de Letras», Facultad de Filosofía
y Letras de la UNAM, México, V, 1965, 77-92, especialmente 88
y 90.
[11] *Ibíd.,* 91.
[12] Hay trazas evidentes de ello en obras recientes, como, por
ejemplo, la de A. Hermenegildo, *Los trágicos españoles del siglo XVI,* Madrid, 1961.

contrario, desea ser intérprete, con su teatro, de muy
precisas exigencias del momento; no persigue un abstracto ideal de perfección, sino que se vuelve hacia el
pasado inmediato, para continuarlo y renovarlo.

En segundo lugar, debe ponerse de relieve el firme
reconocimiento del valor literario de la *comedia,* no
entendida como puro espectáculo o juego mímico,
sino ligada a una personalidad creadora, que no obedece al puro instinto *(naturaleza),* sino a una norma
artística interior *(arte):* concepto que Lope repite a
menudo a lo largo de toda su obra. Bastará citar dos
pasajes particularmente claros, a este propósito: *El
arte poético, aunque es verdad que tiene principio de
la naturaleza, ¿qué bárbaro no sabe que el arte la
perfecciona?* [13];

> Que si arte y natural juntos no escriben,
> sin ojos andan y sin alma viven [14].

Es absoluta la oposición de Lope a la norma racio-
nalmente abstraída de modelos o derivada del principio de autoridad, al modo del aristotelismo académico,
vivo aún en su tiempo. Sin embargo, algunos postu-
lados fundamentales del pensamiento estético de Aristóteles habían sido incorporados por el propio Lope
(por ejemplo, los de la verosimilitud, unidad de acción, decoro de los personajes), y constituían las bases para el desarrollo de una nueva y personal articu-
lación artística. Por lo demás, la actualización del
aristotelismo, fuera del rigorismo interpretativo típi-

---

[13] L. DE VEGA CARPIO, *La Dorotea,* acto IV, escena II (ed. de
J. M. Blecua, Madrid, 1955, 439).
[14] L. DE VEGA CARPIO, *La Andrómeda,* en B. A. E., XXXVIII,
494.

co, sobre todo, de los italianos, es característica de
toda la cultura estética española entre el quinientos
y el seiscientos. Para permanecer dentro del campo
de la estética teatral, el Pinciano, por ejemplo, no se
muestra absolutamente rígido en el precepto que pre-
fiere la tragedia en cinco actos a la de tres; sobre el
tema, sentencia: *Cada uno puede sentir como qui-
siere, que la cosa no es de mucha esencia* [15]; Cascales,
que se muestra rígidamente aristotélico en las *Tablas
poéticas,* considerando las comedias *hermafroditos,
unos monstruos de la poesía* [16], escribirá más tarde
una *Epístola* al mismo Lope, *en defensa de las comedias y representaciones dellas* [17]; y en González de Salas, el aristotelismo adquiere decididamente un nuevo
significado, en plena armonía con la cultura que, posteriormente, recibirá el nombre de barroca [18].

En tercer lugar, queriendo precisar más claramente
la actitud de Lope de Vega, parece necesario subrayar
que él cree en una norma interna de la obra de arte,
hallada por el artista mismo. El suyo no es puro empirismo, como quizá demasiado a menudo se ha afirmado, no es tanto aquel naturalismo *acogido a ideas
platónicas* de que habla Menéndez Pidal [19] cuanto

[15] A. López Pinciano, *Filosofía antigua poética,* Valladolid, 1596
(ed. A. Carballo, Madrid, 1953, 3 vols., II, 377).
[16] F. Cascales, *Tablas poéticas,* Murcia, 1617 (vid. F. Sánchez
Escribano y A. Porqueras, *Preceptiva dramática española,* Madrid, 1965, 170).
[17] F. Cascales, *Cartas Filológicas,* ed. J. García Soriano, Madrid,
1952-54, 3 vols., II, *Al Apolo de España,* 38-70.
[18] Sobre González de Salas y su *Nueva idea de la tragedia antigua* (1633), vid. G. Mancini, *Qualche considerazione sulla precet-
tistica teatrale del Siglo de Oro,* en «Miscellanea di Studi Ispanici»,
Pisa, 1965, 30-46.
[19] R. Menéndez Pidal, *op. cit.,* 72.

una consciente reelaboración de algunos temas aristotélicos (los de lo verosímil y el didascalismo estético, sobre todo), coincidentes con algunas exigencias de la vida política, social, religiosa de su tiempo. De allí nacía una concepción de la poesía más «realista» y una mayor concentración en la organización subjetiva de la obra de arte; ello explica el acentuado valor dado a la retórica, como instrumento técnico fundamental de la expresión. No cree —al modo renacentista— en el discurso incontrovertible, en la linealidad de la perspectiva artística, sino que se da cuenta de que el deber del discurso consiste en someterse, casuísticamente, a un esfuerzo de persuasión, y que el arte no tiene una polaridad única, sino que ha de tener en cuenta al público, con sus gustos y sentimientos. Esto es, no se trata de un *splendidum otium,* sino que desempeña una amplia función social: los literatos serán así pocos todavía, y estarán en una posición privilegiada a condición de que sepan dirigirse desde lo alto a un vasto público, y hacerse intérpretes de exigencias que no sean exclusivamente subjetivas.

El teórico no podrá dar, por tanto, más que consejos técnicos (es justamente lo que hace Lope, aunque se han tomado como consejos generales, por pura y simple empiria) con la conciencia de su valor relativo; no enunciará nunca principios absolutos, será siempre el ingenio del poeta el que dé forma nueva y mejor a la naturaleza [20].

[20] L. DE VEGA CARPIO, *Prólogo a la «Parte XVI de las Comedias»* (vid. B. A. E., LII, pág. XXV): «El arte de las comedias y

El examen del *Arte Nuevo* conduce a una última observación. Se refiere al «contenido» propio de la *comedia:* Lope se limita (vs. 327-330) a subrayar sólo algunos argumentos que juzga más apropiados, por cuanto son más gratos al público, como son los de la *honra* y la *virtud.* Estamos siempre al nivel de una poética que, preocupada por el valor de la «comunicación», se dirige, sobre todo, a la conquista y persuasión del público. Esto se logra con la presentación escénica de cualquier argumento, ya de origen histórico o legendario, ya puramente literario o que, sin más, se inspire en la vida de todos los días (y es expediente destinado a excitar de continuo la curiosidad del público, al cual debía interesar particularmente el verse retratado, o encontrar en la escena temas y personajes ya conocidos por él a través de las leyendas, los romances, los libros de caballería, la historia, etc.); o bien, con la interpretación de esos mismos motivos, según una problemática esencialmente psicológica y de casuística moral, que es la problemática más cercana a la condición humana e histórica del público: el variado mundo de los afectos, en dramático contraste con la exigencia del respeto a un código moral, religioso y civil, rigurosamente definido. En otros términos, no es que Lope proponga temas que sean resultado de una personal y original meditación filosófica (de aquí las tantas veces subrayada ausencia de una problemática profunda, universalmente humana), sino que, en el ámbito de un sistema ideológico constituido y firme, respetuoso con los fundamenta-

de la poesía es la invención de los poetas príncipes, que los ingenios grandes no están sujetos a preceptos.»

les principios morales, religiosos y civiles de la España de su tiempo, presenta una galería de personajes, los cuales, en lucha con sus pasiones, se mueven dramáticamente para la realización y el triunfo de aquellos principios mismos. Lope hace así suyo el concepto típicamente contrarreformista de un arte que representa, en forma deleitosa, determinadas verdades al pueblo, y cumple de ese modo el precepto de enseñar divirtiendo. Justamente esta preocupación «barroca» por el público y este esfuerzo de comunicación con él es lo que puede explicar que la crítica tradicional, especialmente la romántica, haya considerado a Lope poeta «popular» o lo haya elevado, sin más, hasta representar la conciencia de su gente, a través de un proceso de deformación, movido por inducciones sustancialmente nacionalistas.

Una lectura inteligente del *Arte nuevo* conduce también a esto: a comprender claramente que el teatro de Lope corresponde a una precisa realidad histórica; no se confunda, por ello, el barroco con el romanticismo, no se haga de Lope una expresión ingenua e impersonal de una colectividad metahistórica, no se disuelva a Lope en un mito extrapoético.

Visto en su exacta perspectiva histórica, Lope se nos aparece como poeta y dramaturgo culto, consciente del lugar eminente que la sociedad de su tiempo concede a los literatos y artistas que, sin turbar el sistema ético, religioso, social y político constituido, antes bien, reforzándolo, adoptan una función de guía moral de la opinión pública (particularmente realizable a través del teatro).

12

En cuanto al *Arte nuevo,* se nos muestra como un
garboso *sermo* horaciano, que contiene una elegante
y socarrona sátira de los pedantes, sugerida a Lope
por la conciencia segura del valor que posee su obra
teatral, apoyada en una ironía cuya finura constituye
la última prueba, si fuera necesaria, de que el autor
no fue un espíritu lego, sino un ingenio de primera
magnitud.

ÍNDICE DE AUTORES
(No se incluye a Lope de Vega)

180

Castro, A.: 13, 36, 134, 136, 141.

Castro y Bellvis, G.: 10, 41, 51, 106, 133, 157.

Cejador y Frauca, J.: 162.

Cervantes Saavedra, M.: 10, 13, 15, 18, 20, 24, 71, 87, 89, 91, 94, 95, 105, 116, 123, 128, 130, 138, 139, 167, 172.

Clemencín, D.: 162.

Conçalbez, J. A.: 67.

Cormellas, S.: 106.

Costilla, J.: 56.

Cotarelo y Mori, E.: 33, 46, 70, 71, 72, 85, 86, 88, 99, 128, 133.

Crawford, W. J. P.: 70, 96, 102, 103, 104, 117.

Crespí de Valldaura, L.: 50.

Croce, A.: 31.

Croce, B.: 37, 55.

Cueva, J. de la: 9, 10, 15, 18, 42, 71, 95, 101, *103-109,* 110, 138, 139, 158.

Chaytor, H. J.: 105, 109.

Diamonte, J. (vid. Timoneda, J.).

Dieze, J. A.: 162.

Diodoro Sículo: 114.

Dolce, L.: 103.

Douglass, Ph E.: 59.

Durán, A.: 145.

Encina, J. del: 9, 61, 62, 64.

Entrambasaguas, J.: 30, 34, 135, 148.

Erasmo de Rotterdam: 68.

Falcón, J. J.: 51.

Falconieri, J.: 92.

Farinelli, A.: 14,17.

Febrer, A.: 50.

Fenarolo, L.: 71.

Fenollar, B.: 50.

Fernández de Heredia, J.: 50, 54.

Fernández de Moratín, L.: 33, 35, 95, 111, 112, 139.

Ferrano Artigas, M.: 16.

Ferreira, A.: 96.

Ferreres, R.: 49, 54.

Flora, F.: 154.

Fox Morcillo, S.: 66.

Fucilla, J. G.: 159.

Fuensanta del Valle (Marqués de): 57.

Gálvez, I.: 154.

Garay (Doctor): 29.

Garcerán de Borja, P. L.: 50.

García Morales, J.: 154.

García Soriano, J.: 174.

Garcilaso de la Vega (vid. Vega, G. de la).

Gasparini, M.: 108.

Gayano Lluch, R.: 73.

Gazull, J.: 50.

Gentile, G.: 28.

Giancarli, L. A.: 86.

Gillet, J. E.: 42, 43.

Giraldi Cinzio, G. B.: 79, 80, 95, 100, 102, 111, 152.

Góngora y Argote, L.: 140.

González Amezúa, A.: 154.

González Palencia, A.: 16.

González de Salas, J. A.: 174.

Goyri de Menéndez Pidal, M.: 140.

Gracián, B.: 88, 157.

Green, O. H.: 42, 102, 103.

Grillparzer, F.: 14, 16.

Guerrieri Crocetti, C.: 79, 100, 101, 104, 106, 108.

DATE DUE

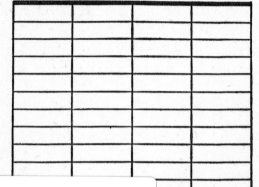

DATE DUE